日本の司法福祉の源流をたずねて 5

司法保護事業概説

森山武市郎――著

慧文社

シリーズ「日本の司法福祉の源流をたずねて」刊行にあたって

近年、体感治安の悪化により、いわゆる刑罰の「厳罰化」を求める声も大きくなっている。少年法も適用年齢引き下げの議論が行われている。しかし、一般刑法犯検挙人員中の再犯者の占める割合（再犯者率）は、年々高まり、平成二六年では四七・一％となっている。これは一度罪を犯すと立ち直るのが難しいということを物語っている。社会に「居場所」と「出番」がなく、そうかといって福祉サービスを十分に受けられないために、犯罪を繰り返しては刑事施設の中で生活する人も多い。日本の犯罪率と再犯率を下げるためにも司法福祉の充実が急務である。これからの日本の司法福祉はどうあるべきか。それについて考えるために、その源流を再確認することは重要である。先人たちの名著をひもとくことによって、現在の問題と、これから進むべき道がより深く見えてくるに違いない。

慧文社

改訂版刊行にあたって

一、本書は一九四一年に発行された森山武市郎（著）『司法保護事業概説』（社会事業叢書 第十一巻、常磐書房）を底本として、編集・改訂を加えたものである。

一、原本における明らかな誤植、不統一等は、これを改めた。

一、原本の趣を極力尊重しながらも、現代の読者の便を図って以下の原則に従って現代通行のものに改めた。

i 本文および引用の「旧字・旧仮名」は原則として「新字・新仮名」に改めた。（例…畫→画、いふ→いう、等）。ただし、漢字・片仮名表記の法律の条文などは漢字を新字に改めるに留めた。

ii 本文の踊り字は「々」のみを使用し、他のものは使用しない表記に改めた。

iii 本文の引用の送り仮名や句読点は、読みやすさを考えて適宜取捨した。

iv 難読と思われる語句や、副詞・接続詞等の漢字表記は、ルビを付すか、一部かな表記に改めた。

慧文社

はしがき

司法保護事業は、我が国固有の仁愛の精神を基調とし、同胞の中一人といえども臣民道の実践に欠くる者なからしむることを目的とする事業であって、挙国総力戦の下に於いてその意義はいよいよ重大を加えて来て居る。私ども司法保護事業に関与する者はひたすら斯業《しぎょう》の重責を思うてその任務の遂行《すいこう》に微力を尽している次第であるが、幸いに全国の篤志《とくし》有識の人々からますます深い関心と支持を寄せられ、広汎なる国民的基礎の上に漸次《ぜんじ》その機構も整い、その実績も着々と挙がりつつあることは、衷心《ちゅうしん》から感激に堪えないところである。

司法保護事業と社会事業とは、沿革上密接なる関係を有する。かつて司法保護事業が純粋の民間事業として出発したその濫觴《らんしょう》時代に於いては、この事業は、いわゆる出獄人保護事業または免囚保護事業の名の下に、社会事業の一種として考えられたものである。然るにその後、少年法並びに矯正院法の制定、刑事訴訟に於ける起訴猶予制度の容認、思想犯保護観察法の制定等に依って、司法保護事業は高度の刑事政策的性格を帯ぶるに至り、更に一昨年九月、斯業の全体を総合的に規制するところの司法保護事業法の実施を見るに及んで、司法保護事業は社会事業に対して全く独立の一領域たることが確認されるに至った。今後更に、刑事政策の要請に即応して、司法保護の一分野としての保安処分制度が確立されることになれば、司法保護事業はいよいよ広汎なる領域を有することとなり、社会事業に対する別個独立の関係はますますはっきりと確認されねばならぬ次第である。

この点から考えると、司法保護事業概説を社会事業叢書の一部として編入することは、理論上適当ではない。しかし実際について見ると、司法保護事業は社会事業の隣接領域として、両者の間には極めて緊密なる相関関係が存するのみならず、実務上この二つの領域に亙《わた》って御奉公をしている人々もすこぶる多いのである。これらの点を考慮し、平素この司法保護という至難の事業に協力尽瘁《じんすい》して居られる人々に対して、幾分でも執務上の参考に資することが出来れば幸甚と考え、敢えて筆を執った次第である。

右の執筆の趣旨に従い、本書に於いては、司法保護事業の現在の組織と、保護実務上の心得について、詳述することに努め、学問的理論的の展開は成るべくこれを避けることとした。また、紙数の制約を考慮して重点を猶予者および釈放者の保護に置き、少年保護および思想犯保護については組織の大綱を述ぶるにとどめた。この二つの分野の詳細については、拙著『少年法』（昭和十四年、新法学全集所収）および『思想犯保護観察法解説』（昭和十二年、松華堂書店）を参照せられんことを望む。なお、斯業の実績について紹介することが出来れば、執務上参考となる所が少なくないと考えたが、これまた紙数の関係から省略するの外なかった。

本書の執筆に際し、資料の蒐集については、主として司法省保護局の大坪与一君を煩《わずら》わした。附記して感謝の意を表する次第である。

昭和十六年三月十三日

著者

目次

第一章　司法保護事業の概念

第一節　司法保護事業の基調

司法保護事業とは、罪を犯したる者、または罪を犯す虞《おそれ》ある者を輔導《ほどう》することを目的とする事業である。これを現行法の立場から云うならば、司法保護事業とは、起訴猶予者、刑執行猶予者、刑執行停止者、刑執行免除者、仮釈放者、満期釈放者および、少年法に依り保護処分を受けたる者等の保護を為す事業、および右の事業に関し、指導、連絡または助成を為す事業である。いわゆる保護とは、本人が更に罪を犯すの危険を防止し、これをして進んで臣民の本分を恪守《かくしゅ》せしむる為め、性格の陶冶《とうや》、生業の助成その他適当の処置を以て本人を輔導する行為を謂《い》う。この保護の行為は国家機関に依って行われる場合もあり、私人に依って行われる場合もある。昭和十四年九月十四日施行の司法保護事業法では、私人の経営する保護の事業のみを司法保護事業と称して監督の対象としているが、本書に於いては両種の場合を包括して司法保護事業と称することとする。

一　国体と司法保護事業（わが国に於ける司法保護事業の特殊性）

司法保護事業は、畏《かしこ》くも列聖御仁愛の大御心《おおみごころ》を奉体し、同胞の中一人といえども臣民の道を誤るものなからしめんため、罪を犯し、または犯すの虞ある者を輔導して臣民の道を恪守せしめ、これを援護して職域奉公の誠を捧《ささ》げしめんとする事業である。

万世一系の天皇上に在《ま》しまして億兆の民を撫養《ぶよう》し給い、徳化《とっか》六合《りくごう》に洽《あまね》く、億兆これに帰一し奉《たてまつ》りて世々忠節を励み、義は則ち君臣にして情はなお父子の如くであることは、万邦《ばんぽう》に比類なきわが国体の精華である。列聖の御仁愛の数々は申すも畏《かしこ》い。明治元年三月十四日の御宸翰《ごしんかん》を拝誦《はいしょう》すれば、「今般朝政《こんぱんちょうせい》一新の時に膺《あた》り天下億兆一人《いちにん》も其処《そのところ》を得ざる時は皆朕《ちん》が罪なれば今日の事朕躬《みずか》ら身骨《しんこつ》を労し心志《しんし》を苦しめ艱難《かんなん》の先に立ち古列祖《これつそ》の尽させ給いし蹤《あと》を履《ふ》み治績を勤めてこそ始めて天職を奉じて億兆の君たる所に背かざるべし」と宣《のたま》わせ給うて居る。叡慮《えいりょ》まことに恐懼《きょうく》に堪えず感激の極みである。斯《か》かる広大無辺の御仁愛の下に万民相倚《あいよ》りて一家の如く相睦《あいむつ》み、一億の国民悉《ことごと》く同胞の観念を以て扶《たす》け合いつつ生を共にし、一体となって奉公の誠を致し天業《てんぎょう》を翼賛《よくさん》し奉ることは、洵《まこと》に我が国固有の家族的国家体制より生ずる伝統の醇風《じゅんぷう》であり美《うる》わしき道徳である。さればもし同胞の中に、不遇にして皇国臣民たるの道を誤り同胞偕和《かいわ》の生活より落伍する者ある場合には、赴いてこの不遇の同胞を輔導し皇国臣民たるの自覚に立ち戻らせ、これを援護し皇国臣民たるの本務を尽さしめ、以て等しく皇国臣民たるの喜悦と栄誉を恢復《かいふく》せしむることは、同胞として自然の情であり、また当然の道でなければならない。司法保護事業は正に斯かる同胞愛の顕現であり、同胞道の実践に外ならないのである。

それは同胞の道であるのみならず、また皇民の道である。明治元年正月十五日、朝政御一新に際し恩赦の大詔を下し賜ったとき、これを拝して恐懼感激せる政府は、「今般朝政御一新ノ御場合、今十五日御元服之《の》御大礼被為行《おこなわせられ》、御仁恤《じんじゅつ》之聖慮ヲ以テ天下無罪之《の》域ニ被遊度候間《あそばせられたくそうろうあいだ》、是迄《これまで》有罪不可容《いれるべからざる》者ト雖《いえども》朝敵ヲ除之外一切大赦被仰出《おおせいだされ》候、於国々モ不漏《もれなき》様施行可有之《これあるべく》候、尤向後《もっともこうご》弥以《いよいよもって》賞罰厳明ニ被遊《あそばれ》候ニ付、厚御趣意ヲ体認致シ行届候様可仕旨《ゆきとどきそうろうようつかまつるべきむね》御沙汰《ごさた》候事」と国々に令した。臣道に背き罪を犯したる民草《たみぐさ》にまで洽く御仁慈《ごじんじ》を垂《た》れさせ給うことは洵に恐懼の極みである。此処にこれらの同胞をして悉く臣民の本分を恪守せしめ、天下一人の所を得ざるものなく尽忠職分奉公の誠を致さしむることは、洵に叡慮の万一に副《そ》い奉る所以《ゆえん》であり、皇民たる者の惟《こ》れ努むべき道でなければならぬ。司法保護事業は正に斯くの如きの精神を以て、畏くも御仁愛の顕現を翼賛し奉らんとする事業である。

二　恩赦と司法保護事業

司法保護事業はその本質に於いて列聖の御仁愛の顕現であるのみならず、歴史的にもまたそれは皇室の御仁愛にその源を発して居るのである。無辺の御仁愛の辱《かたじけな》くも罪を犯せる民草にまで洽く及べる御事蹟は、記録によるも遠く上古に遡《さかのぼ》ることが出来る。人皇《じんこう》御十七代履中天皇は阿曇連濱子《あずみのはまこ》の死罪を減じ給い、御十八代反正天皇の皇后は闘鶏国造《つげのくにのみやつこ》の死を赦して姓を貶《おと》さしめ給うた。御二十三代顕宗天皇は皇后御冊立に際し、御三十六代孝徳天皇は新宮の御造営に際し畏くも天下に大赦し給い、その後列聖の恩赦を下し給わることその数を知らず、御一代にして十数回の大赦を為し給えることさえも記録に存する。恩赦の御趣旨は固《もと》より御仁愛に出ずる。養老六年四月の大赦に於いては、「政を布《し》くの方、仁恕《じんじょ》より先なるは莫《な》し、故に賑恤《しんじゅつ》の恵は遐方《かほう》に隔てなく、撫育《ぶいく》の仁は寓内に覃《あま》ねくすべし」（『続日本紀』）と宣うて諸国の罪人を咸《ことごと》く放免し給うたのである。明治元年の恩赦が「御仁恤之聖慮ヲ以テ天下無罪之域ニ被遊度」御思召《おぼしめし》に依るものであったことは前節にも見えた。

明治以後に於いては次の如く屢次《るじ》の機会に恩赦を行わせ給うて居る。

明治元年正月十五日	明治天皇御元服につき	大赦
明治元年九月八日	御即位につき	減刑
明治五年九月十三日	国政一新につき	特赦
明治二十二年二月十一日	憲法発布につき	大赦
明治三十年一月十九日	英照皇太后御大喪につき	減刑
大正元年九月二十六日	明治天皇御大喪につき	大赦
大正三年五月二十四日	昭憲皇太后御大喪につき	減刑
大正四年十一月十日	御即位大典につき	特赦減刑
大正十三年一月二十六日	皇太子殿下御成婚につき	減刑
昭和二年二月七日	大正天皇御大喪につき	大赦減刑
昭和三年十一月十日	御即位大典につき	減刑復権
昭和九年二月十一日	皇太子殿下御誕生につき	減刑復権
昭和十三年二月十一日	憲法発布五十周年記念	減刑復権
昭和十五年二月十一日	紀元二千六百年の紀元節につき	減刑復権

これら度々の恩赦の度毎に多数の人々がその刑を減免せられ、無辺の御恵沢《ごけいたく》に浴しているのである。御赦免に浴する者の感激は洵に深い。明治三十年に於ける恩赦の記録を見ると、各監獄に於いてその日の夜の明くるや直ちに教誨

堂または広場に式場を設けて有難き聖旨を伝達するや「全囚挙《こぞ》って歔欷《きょき》感涙し、中には感激の極声を放って涕泣《ていきゅう》する者また尠《すくな》からず、皆聖恩の優渥《ゆうあく》なるに感激した」という（『前橋監獄沿革史』）。この御恩命《ごおんめい》に浴したる者が夙夜《しゅくや》自粛自奮して忠良の臣民たるべく努むべきは謂うまでもないが、同胞国民もまた、これをして再び罪を犯さしめず醇正《じゅんせい》忠良の臣民たらしむる為め、これが保護指導に努むべきは当然である。この皇民としての、また同胞としての道徳的義務感が、常に司法保護事業の起動力となり、推進力となって居るのである。

しかのみならず、畏くも皇室に於かせられては、御自《おんみずか》らこれらの放免者の保護をみそなわせられているのである。『続日本紀』には「天平三年十一月辛酉、先レ是車駕巡二幸京中一、道経二獄辺一、聞二囚等悲吟叫呼之声一、天皇憐愍、遣レ使覆二審犯状軽重一、於レ是降レ恩、咸二死罪已下一、並賜二衣服一令二其自新一」とある。明治三十年恩赦に依り釈放せられたる者一万数千人に達したる際以来、畏くもこれらの者の保護を御奨励の御思召を以て賜金《しきん》の御沙汰をさえ賜ったのである。司法保護事業関係者は恐懼してこれら恩赦釈放者の保護に遺憾《いかん》なからんことを期し、其処に事業の充実を見、斯くて我が国に於ける司法保護事業は度々の恩赦に依り充実伸張の契機を与えられて発達したのである。

三　司法保護事業に対する御恵沢

実に司法保護事業の今日の成長は、偏《ひと》えに皇室の御恩沢の深きに依るものである。

大正十四年司法省訓令第三号には曰う、「本大臣ハ曩日《のうじつ》　摂政宮《せっしょうのみや》殿下ニ拝謁《はいえつ》シテ司法省所管事務ノ運用ニ付言上《ごんじょう》シ奉ル所アリシニ司法保護ノコトヲ以テ重要ナル事業ト思召サレ特ニ之ニ関スル御下問ヲ辱《かたじけの》ウシタリ、一視同仁《いっしどうじん》ノ御《ご》盛徳《せいとく》ト衆庶《しゅうしょ》ノ福祉ヲ念トシ給《たま》フ台慮《たいりょ》トハ洵《まこと》ニ恐懼感激ニ堪《た》ヘザル所ナリ、職ニ従フ《う》者深ク思ヲ此等ノ点ニ致シ謹ミテ叡旨《えいし》ヲ奉体シ又刑事政策ノ精神ニ則リ協心戮力《きょうしんりくりょく》不良ノ徒ヲ薫化シテ醇正忠良《じゅんせいちゅうりょう》ノ民タラシメ遂《つい》ニ刑措《お》キテ用ヰ《い》ザルノ極致ニ至ラシムルコトヲ期スベシ」と。その後に於いても斯業に関し御軫念《ごしんねん》あらせらるる趣を拝して斯業関係者は恐懼感激し、興起奮励して斯業の充実に努めて居るのである。

司法保護事業に対し御奨励の御思召を以て明治三十年に御賜金あらせられたことは前にも述べたが、その後に於いても斯業御奨励の為め御内帑金《ごないどきん》を御下賜あらせられることしばしばである。殊に大正十二年よりこの方毎年紀元節に際しては、斯業御奨励の為め多数の司法保護事業に対し御賜金を賜って居り、この紀元節御下賜金の光栄に浴したるものの数は、昭和十五年までに延数三千六百六十九の多きに上って居る。

種々の機会に御救恤の御思召を以て司法保護事業に金品の御下賜を辱くすることもしばしばであり、また或いは司法保護事業に従事する者に対し御恩賜品《ごおんしひん》を賜り、或いは保護施設御視察のため侍従を御差遣《ごさけん》遊ばされ、或いは皇族に於かせられて親しく保護施設を御視察遊ばさるる等、皇室に於かせられて司法保護事業に御恵沢を垂れさせ給うことは、斯業関係者の常に感激措かざるところである。斯業関係者に於いては斯かる光栄にひたすら恐懼感激し、御仁愛の御思召に副い奉り大御心の万一に応え奉らんことを期して、斯業の充実を図り、保護の完璧に遺憾なからしめんことを努めて居る。一般国民に於いて近時斯業に対する理解を深め、これを援助して克《よ》く今日の域に至らしめているこ とも、その由《よ》って来るところは、畢竟《ひっきょう》皇室の御恵沢の深きに依るものである。

第二節　刑事政策に於ける保護の要請

国家の立場から犯罪について考えるときには、其処に二つの要請が提起せられる。一つは国家および国民全体のために犯罪を防遏《ぼうあつ》せねばならぬという要請であり、他の一つは、これも国家および国民全体のためではあるが、犯罪を為した本人を再び忠良健全なる国民たらしめねばならぬという要請である。この二つの要請に対応して、罪を犯したる者に対する保護が必要とせられて来る。

一　犯罪防遏の必要

国家生活上犯罪防遏の必要なることは明らかである。犯罪の為めに国民社会の福祉の損傷せらるることは極めて深刻且《か》つ広汎であり、国家の康寧《こうねい》と進歩の阻害せらるることは夥《おびただ》しいものである。刑事統計に依れば、昭和九年より同十三年に至る五年間の有罪犯人総数は実に七、三七九、七一四人に達し、これを平均すれば一ケ年の有罪犯人は一、四七五、九四三人に上る。この中、警察署に於ける即決人員一年九九五、二一〇人、検事の取扱いに係る微罪処分起訴猶予人員二八二、八三六人、裁判所に於ける第一審有罪決定者一七七、七一一人を算している。これらの犯罪の為めに如何に多くの資材と文化が損傷せられるか、また如何に安寧秩序が攪乱《かくらん》せられ国民生活の不安が醸成《じようせい》せられるか、またこれに依って如何に風俗が荼毒《とどく》せられ道義が脅威せられるか、更にまたこれらの犯人の処置の為めに如何に多くの物的並びに人的消費が行われねばならぬかを考えるならば、犯罪防遏の必要が如何に緊切であるかは言を俟《ま》たずして明らかだと謂わなければならぬ。

二　犯人恢復の要請

犯罪の防遏について特に注目しなければならないことは、年々の犯罪の少なからざる部分が犯罪の前歴を有する者に依って行われているという事実である。刑事統計に依れば、年々の有罪被告人の三六・四パーセントは犯罪の前歴ある者である。しかもこれらの者の為す犯罪は罪質罪情に於いてもすこぶる悪質なるものが多いのであるから、年々の犯罪に於いて犯罪前歴者の演じて居る役割は甚だ大きく且つ好ましからぬものが存するのである。しかのみならず、これらの者は、ただに斯くの如く自ら再犯者となって現れることが多いばかりでなく、更に周囲に不良の影響を発散することに依って犯罪現象の増大を助長することが少なくない。例えば年々の犯罪の中には、これらの犯罪前歴者の教唆《きょうさ》、誘惑、暗示或いは感化に依って誘発されたものがすこぶる多いのである。従って犯罪防遏の立場に於いては、犯罪前歴者をして再び犯罪を為さざらしむると共に、不良の影響を発散せしめざることが特に必要になるのである。

更に視野を広くして国民生活の康寧と進歩の立場から眺めるならば、犯罪の前歴を有する者は現実には再犯を為さず、また他の犯罪の誘因とならないにしても、これをそのまま放置しておくことは、その存在の事実自体が常に不安の心理的影響を与え、またこれらの者の日常の挙措《きょそ》言動習慣が風教を紊乱《びんらん》、或いは弛緩《しかん》せしむることも少なくないのであるから、その不良の影響は看過し得ないところであって、これが匡救《きょうきゅう》の必要を認めざるを得ないのである。

右の如く犯罪前歴者の存在は、犯罪防遏の上から見ても、また広く国民生活の康寧と進歩の上から見ても好ましからぬ問題であって、これに対しては、これをして再び犯罪を為さざらしむるのみならず、不良の影響を発散せしめざるように必要なる処置がとられねばならないのであるが、しかし、犯罪前歴者を如何に遇《ぐう》すべきかの問題となれば、それについては単に犯罪防遏的観点からの排害作用の要請を尊重するだけでは足りないのであって、それと共に、犯罪前歴者とは如何なるものであるかが併せて顧慮《こりょ》されなければならないのである。

犯罪前歴者はまず危険の包蔵者として見られる。それ故にこそ、それは刑事的政策の対象となるのであるが、同時にそれが依然として社会の一員であることを忘れてはならない。それは社会の如何なる一員であるか。もし社会がばらばらの個人の単なる集合状態の如きものであって、犯罪の前歴というものは全く個人の責に帰すべき原因に依って生じたものであるならば、社会にとっては彼の包蔵している危険性の除去だけが問題であって、その除去の方法は全く利害の計算に基づいて定めることが相当であろう。或いはこれを抑圧するもよく、或いはこれを隔絶するもよいわけである。しかしもし犯罪の前歴というものが純粋に個人の責に帰すべきものでなく、その包蔵する危険性の生成について社会も責をわかつべきものであると見るならば、その危険性除去の方法は単なる抑圧や隔絶に求むることは出来なくなって来る。現代に於いては、犯罪の原因が主として個人的要素に存するか、或いは主として社会的要素に存するかは見解の岐《わか》るる所であるとしても、主として個人的原因に基づくと称せられる犯罪に於いても、その事情を全面的に且つ徹底的に考察すれば、其処には常に社会的環境が遠因または近因となっていることが認められて居る。これを犯罪前歴者たらしむることに寄与した社会は、これを再び社会に復帰せしむることに協力すべき責任を有するものと謂わなければならない。犯罪前歴者を社会の一員として遇し、これを改善して完全な社会の一員たらしめることが社会の道徳的義務であると謂わなければならない。

尤《もつと》も、犯罪前歴者に対してその危険性を除去しこれを社会人として改善することを、社会が自己の義務と感ずるか否かは、その社会を支配する倫理の如何に依ることである。倫理思想の如何に依っては、原因に於ける社会の関与を認めつつも、その原因から生ずる不利益な結果の分享《ぶんきよう》についてはこれを避けるという立場もあり得る。例えば個人主義的倫理思想の下に立ち、自利の追求と自由競争を生活の基本態度とする社会に於いては、犯罪前歴者を単なる危険包蔵者としてこれに抑圧と隔絶を以て臨むことも出来るのである。このような倫理思想の差異は畢竟社会組織の如何に依って定まる。もし社会が鞏固《きようこ》なる統一体を成し、その構成員相互の間に生命の共同ともいうべき程の緊密なる結合が存するならば、其処では相互の連帯を緊密に維持すると共にその社会結合を忠実に護持することが最高の倫理となって現れて来るのである。従ってそのような社会に於いては、この鞏固な社会結合から脱落せんとする者に対してその脱落を防止することが道徳的義務となるのであって、犯罪前歴者に対しても、隔絶するよりは包容同化してこれを再び忠順なる社会構成員たらしめることが要請せられる。すなわち、国家に於いては、本人を改善して忠良なる国民となすことが要請せられるのである。

我が国に於いては、罪ある者の処遇に関する最高の理念は、既に述べたように上古より現代に至る皇室の御仁愛の中にはっきりと現れて居る。御仁愛六合に洽く、従って万民一家の如く結び合える国柄であるが故に、国民は互いに手を携え扶け合いつつ忠義を尽し奉ることを最高の倫理とするのである。犯罪の前歴ある者といえども、これを同胞として包容し、これを落伍者たらしむることなく真に同行倶進《ぐしん》の臣子たらしむることが倫理的要請として提起せられるのである。

三　改善主義と保護の必要

斯くの如くして刑事政策に於いては、犯罪を防遏すべき必要と、犯人を再び忠良なる国民たらしむべき要請と、この二つの要求が同時に充足せられなければならない。現代刑事政策に於ける犯人改善主義はこの二つの要求に即応せんとするものに外ならない。すなわち、罪を犯したる者を個々的に改善し、その犯罪危険性を除去するのみならず、これを忠良なる国民として恢復することが、刑事政策に与えられた課題となって来るのである。

刑事政策に於ける犯人改善の主義はまず行刑に於いて具体化せられて居る。尤も、行刑の意義は、単に犯人改善の作用だけにとどまるものではなく、犯人の隔離に依る排害作用の役割や、更に刑罰の威嚇力に依る一般予防の作用までも行刑に対して期待されて居ることは否定出来ないのであるが、これらの役割を意識しつつも、現代の行刑は特に、犯人の人格を感化改善する役割を最も重要視して居るのである。すなわち現代の行刑は、犯人を感化改善することに依って、将来の犯罪危険性を除去してこれを社会に復帰せしむることをその目的として居るのであって、行刑に於ける総ての施設はこの目的の達成に向かって組織せられて居る。

しかしながら、犯人を向後《こうご》犯罪の危険性なきものたらしめ、これを忠良なる臣子たらしめるという現代刑事政策の任務は、行刑のみを以てしては達成することが出来ない。犯罪の危険性というものは、本人の人格とその生活環境との裡《うち》に包蔵されるものであるから、犯罪の危険性を除去する為めには、個人の人格を改善して犯罪の主体的条件を除去するだけでなく、これをして恰適《こうてき》せる生活環境に適合せしむることが併せて必要である。然るに、（一）行刑に於いて為し得るところは、本来、個人の人格の改善だけである。而して行刑に於ける人格の改善というものが、社会生活への適応の態度を涵養せしむることを包含すべきことは謂うまでもないが、それは畢竟、社会生活を営ませる主体的条件の整調に過ぎないのであって、具体的社会生活への適合そのことには及ばないのである。主体的に改善せられたる本人をこれに恰適せる生活環境に適合せしむる為には、恰適せる生活環境を準備することと、その生活環境に適合せしむることが行われねばならない。これは行刑の本来の機能を以てしては及ばない所である。（二）行刑に於いて人格の改善が成し遂《と》げられる為めには、必要なる訓練の期間を与えなければならないのであるが、現行刑法の下に於いては刑期は裁判に依り確定せられるのであるから、本人の改善の状況に応じてこれを延長するの自由が存しない。従って未だ改善の程度充分ならざる者にあっても刑期が満了すれば釈放しなければならぬ。すなわち現在の制度の下に於いては、行刑が志すところの人格の改善は必ずしも成就せられない場合を生ずるのである。このような場合に於いては、人格の改善という事が行刑以外の分野に於いて補充的に行われることを要するのである。（三）行刑は受刑者を改善せしめてこれを社会に復帰せしむる為め、その殆ど全能力を挙げて努力をするのであるが、長期に亙る拘禁生活の結果として社会的生活能力の減退を見るものの存することも免れ難い事柄である。また斯くの如き生活能力の減退を生じない者にあっても、これらの受刑者が社会に復帰せんとする場合にこれに対し社会が与うるところの信用は犯罪以前に比し著しく低度なることを免れない。この社会的信用の減退と生活能力の減退とが社会復帰の障碍となり、この社会復帰の困難よりして行刑の苦心の成果を裏切り再犯に陥る事例は極めて多いのであって、これらの者の犯罪危険性の除去の為めには本人を援助してこの社会復帰の障碍を克服せしむることを要するのである。これまた行刑本来の範囲の及び得ざる所に属する。

最近に於ける釈放者の再犯状況を見よう。その総数は第一表の通りである。

第一表　釈放者再犯状況

年次	新受刑者総数	上掲数中再入受刑者	新受刑者中における再入受刑者の比率
昭和九年	三七、〇六五	一九、三六二	五五％
昭和十年	三五、五六一	一九、五六一	五四％
昭和十一年	四一、七六四	一九、三七〇	四六％
昭和十二年	三八、七一九	一八、四八七	四八％
昭和十三年	三四、三〇七	一七、七〇二	五二％

これらの再入受刑者の大部分は釈放後一年を経過しない内に再犯者となって居るのである。すなわち第二表の如く

である。

第二表　釈放より再入に至る期間（数字は員数を示す）

	六月未満	一年未満	二年未満	三年未満	四年未満	五年未満	五年以上	計
昭和九年	一〇、五三四	二、五四九	一、九五三	一、〇一五	五九三	三二五	二、三九三	一九、三六二
昭和十年	九、一四六	三、〇一〇	二、五八二	一、〇六八	六二四	三八七	二、四八一	一九、二九八
昭和十一年	九、〇七八	二、七八三	二、五二八	一、二八二	七〇二	三九八	二、五五九	一九、三三〇
昭和十二年	八、九〇六	二、六五三	二、六五三	一、二一八	七一三	三五九	二、二五〇	一八、四八七
昭和十三年	八、二三五	二、七〇七	二、七〇七	一、一三九	七二八	四〇六	二、〇八九	一七、七〇二
年平均	九、一八〇	二、三七〇	二、三七〇	一、一四四	六七二	三七五	二、三五四	一八、八三六
百分比	四八・二	一四・六	一二・七	六・二	三・六	二・一	一二・六	一〇〇・〇〇

斯くの如き刑務所釈放者の再犯現象は、畢竟するに、犯罪危険性の除去並びに忠良なる臣民への復帰という刑事政策の目的は行刑のみに依っては達成し難いことを示すものに外ならない。換言すれば、犯罪危険性の除去という目的の為めには、行刑の本来の範囲外に於いて行刑の及ばざる所を補充する作用が行われねばならないこと、すなわち人格改善の作用、生活環境調整の作用、並びに生活補強の作用、これを要するに釈放者に対する保護の作用の必要が、茲《ここ》には提示されて居ると観なければならないのである。

右の考察に依り、吾々は刑務所釈放者に対する保護の必要を見たのであるが、同様の意味からして保護を必要とするものは単に刑務所釈放者だけではない。既に述べた如く毎年の有罪犯人の数は平均百四十七万を越える。その内約九十九万人は警察署に於いて即決処分を以て釈放せられ、約二十八万人は検事局に於いて微罪処分または起訴猶予を以て釈放せられ、また約八千人は裁判所に於いて刑の執行猶予の言渡を受けて居るのであるが、これらの微罪釈放起訴猶予者或いは刑の執行猶予者は、これを再犯の危険なき者と謂うことは出来ない実情にある。起訴猶予や刑執行猶予の制度は、これに依って放免された者が刑の執行を俟たないで、人格的改善を為し得ることを予想したものであるが、これらの者の中には、意志薄弱にして生活環境の不良の影響に拮抗《きっこう》するの力なく、これに適当なる保護を加えなければ再び犯罪に陥る者が少なくないのである。

例えば、起訴猶予の取扱いを受けた者にして、再び罪を犯し起訴猶予を取消される者の数は年々殆ど八千人に達して居る。

第三表　起訴猶予取消人員（罪名別）

	賭博	傷害	窃盗	詐欺および恐喝	横領	その他の刑法犯	特別法犯	合計
昭和九年	一、〇九三	五九七	三、一四〇	一、〇六一	四八七	五三八	九六三	七、八七九
昭和十年	一、一四八	六〇二	三、一一九	一、二一三	四九三	四九七	一、〇八二	八、一五四
昭和十一年	一、一三〇	六〇二	二、八八二	一、〇六六	四四三	五一五	一、〇九一	七、七二九
昭和十二年	一、一六六	五四二	二、九三七	九七七	三九五	五五九	一、二九〇	七、八六六
昭和十三年	一、三八一	四五七	二、六一二	九六〇	三七四	五九二	一、一二五	七、五〇一
平均	一、一八四	五六〇	二、九三九	一、〇五五	四三八	五四〇	一、一二〇	七、八二六

これらの者は、右の如く再犯の危険性を包蔵する者ではあるけれども、これに対する輔導宜しきを得れば、健実なる生活を確立せしめ、再犯の危険を除去して忠良なる臣民たらしめ得べきものである。従って、これに対してもまた、

その性格の改善、生活環境の調整、生活の補強について援助を与うるの必要を認めなければならない。刑執行猶予者についても同様のことが言われ得るのである。

以上吾々は保護の必要を見て来た。すなわち、犯罪防遏と犯人改善との二つの要請を同時に充足せんとする改善主義の刑事政策に於いては、その目的を達する為めには、行刑や検察や裁判を以ては遂《つい》に及ぶこと能わず、正に保護の適用を必要とするところの領域の存することを、認めなければならないのである。

第三節　司法保護事業の発達

一　司法保護事業の淵叢

我が国に於ける司法保護事業の淵源《えんげん》が、天下万民に洽き御仁愛に発するものであることは、既に述べた。この淵源に出ずるが故に、我が国に於いては、犯人に対する処遇は常に同胞愛を以て裏づけられ、これを再び同胞として迎え容れんとする努力となり、其処に自らにして保護の事業の形成を見ているのである。

近世に於けるその最初の現れとしては、加賀藩に於ける非人小屋の事業を挙げることが出来る。寛文九年（皇紀二三二九、西暦一六六九）加越能《かえつのう》三国大雨洪水あり、田畝損亡《でんぼそんぼう》し民屋の被害多く、餓民《がみん》道に横たわる状態となったので、加賀藩に於いては非人小屋と称するものを設け、窮民細民は固より、釈放者にして家なく職なき者、或いは浮浪の徒等を収容し、相応なる職業を修得せしむると共に感化指導の方策を講じた。この施設に於いては単に釈放者保護だけでなく救貧済民の目的も総合されたのであるが、刑事政策に基づく施設の萌芽を成したものと観ることが出来るのであって、これは実に世界最初の司法保護事業と認め得るのである。

寛政二年（皇紀二四五〇、西暦一七九〇）幕府に依って江戸石川島に設けられた人足寄場《にんそくよせば》は、一層明確なる刑事政策的考慮の上に創始せられたものであった。発案者長谷川平蔵が老中松平越中守に奉った上書《じょうしょ》には、「御府内の花茂り、葉の繁りたるに依り諸国より集りて来るもの多し。その中には理弁の徒は少なく、放埒《ほうらつ》だじゃくのやから有りて後は非人に成り下るなり。これ己が心がらとは言いながら非人多きは国の恥なり。もし臣に台命《たいめい》を蒙《こうむ》りなば斯様なやからを召捕らえ、両国の下流佃島《つくだじま》無人島に於いて身持相応の産業を教え、雑費の外はその者共《ものども》の徳分と致させ、銭財《せんざい》を保たしめ、店を持たせ渡世を致させなば良かる可《べ》し、国の元は百姓なればその中より撰び百姓に仕立て、御料私領にかかわらず無人の土地へ有り附けなば、百姓これ無きの愁いなかるべし」と言い、浮浪者対策としての人足寄場の設置を提唱して居る。松平越中守は「これ聖賢の道なり、能《よ》く心付きたり」とこれに賛同し、石川島葭生地一万六千余坪の地に寄場を設置し、入墨または敲《たたき》の刑に処せられたる者、その他の無宿者を収容するに至ったのである。この制度は、前科無宿者の犯罪危険性を除去して、これを善良有用の民たらしむることを目的としたことが注目されなければならない。蓋《けだ》しこのことは我が国の司法保護事業の宿命的な性格を暗示して居るものと観ることが出来るからである。

二　免囚保護事業の発達

（一）別房留置および懲治場の制度

明治維新の変革の後に於ける司法保護事業は、明治十五年一月、改正監獄則の施行を以て出発した。すなわち同規則は、「刑期満限ノ後頼ルベキ所ナキ者ハ其ノ情状ニ由リ監獄中ノ別房ニ留メ生業ヲ営マシムルコトヲ得」ることとなし、同時にまた、「満八歳以上満二十歳以下」の「放逸不良ノ者」については、その尊属親からこれを「懲治場《ちょうじじょう》ニ入レ矯正帰善セシメン」と願い出た場合には、これを懲治場に入れて毎日五時間以内農業もしくは工芸を教え、力作《りきさく》せしむることとした。前者すなわち別房留置の制度は、釈放者に対する官営の保護事業に外ならず、後者すなわち放《ほう》恣《し》不良の少年を尊親属の願い出に依り懲治場に入れて矯正帰善せしむる制度は、少年保護事業の一つの形態に外ならなかった。

右の別房留置の制度は、年々多数の別房留置人を収容して再犯防遏上多大の効果を挙げたのであるが、当時、普通監獄の経費は地方費で支弁せられることになっていた為め、別房留置人の増加は地方費の過重負担となって、この制度に対する反対の声を生ずるに至った。当時の社会は西南兵乱の後をうけて財政上の余裕に乏しく、且つまた勃興期にあった自由主義思想は釈放者保護の如き制度の精神と反撥《はんぱつ》するところも存したのであるから、別房留置の制度の防犯的意義よりも救済的意義をより多く眺めがちな与論が、この制度の廃止を叫んだことは止むを得ないところであった。斯くして別房留置の制度は明治二十二年七月を以て廃止せられた。

(二) 民間保護事業の誕生と成長

しかしながら、別房留置制度の廃止は、釈放者を保護することの必要が忘却されたことを意味するものではない。それどころか、保護の必要は、官場に於いては特に防犯の立場から痛感せられて居り、また民間に於いては同胞愛の立場から有識者の間にようやく認識されて居たのである。

既に、別房留置制度のなお存続せる時代に於いて、民間に於いては、釈放者の悲惨なる境遇に対する同情からして、これを真人間として更生せしめんとする釈放者保護事業が力強い芽生えを見せて居た。その最初の具体的な現れは金原明善《きんばらめいぜん》翁の設立にかかる静岡県出獄人保護会社である。その設立の動機としては次のような話が伝えられて居る。

静岡監獄から釈放された吾助という男が、元は仕様のない不良の徒であったが、典獄川村矯一郎《かわむらきょういちろう》氏の熱心なる訓誡に依って心から悔悟《かいご》し、改善を誓って郷村に帰ったところ、両親は既に亡く、妻は他の人の女房となって三人の子供を設けて居り、頼らんとした叔父には撥《は》ねつけられ、寝る家もなく食べる物もなく、さればとて盗みの悪に逆転する気持ちにもなれず、思案に暮れて遂に投身自殺した。金原明善翁はこの話を聞いて痛く同情し、「刑務所から出た者はもう罪が消えて居るのだから、社会の人は温情を以て接してやらねばならぬ。吾助は死んで他人に迷惑をかけなかったが、もしこれがヤケを起こしてますます悪事を働くようになったら大変なことである、これは何とかして、刑務所から出て来た者を保護する事業をやらねばならぬ」と考え、明治二十一年三月、静岡市外北安東に「静岡県出獄人保護会社」を創設し、釈放者を収容して、教化訓諭、職業指導、生業助成等の方法に依りその更生の後援に努めた(水野定治氏『金原精神』)。

静岡県出獄人保護会社は右の如く民間篤志家の同胞愛に基づき慈善事業として創始せられたものであるが、斯くして芽生えつつあった民間保護事業は、別房留置制度の廃止に依ってその成長に拍車をかけられた。何故かといえば、別房留置の制度を廃止した政府は、再犯の防遏が一日も忽《ゆるが》せにすべからざる緊要事であることに鑑《かんが》みて、民営保護団体の設立を奨励したからである。明治二十二年七月、別房留置制度を廃したる際の内務省の訓令には曰う、「今般《こんぱん》勅令第九十三号発布ノ改正監獄則ニ於テハ旧則第三十条ノ規程（別房留置ニ関スル規程）ヲ廃セラレタリ。然《しか》ルニ若《も》シ彼ノ刑余《けいよ》頼ル処ナキ者ヲシテ其ノ為スニ一任スルトキハ、直《ただ》チニ復《ま》タ罪ヲ犯スニ至ルノ恐アリ。依テ彼輩ヲ保護シテ自営ノ道ヲ得シムルノ設計アルヲ要ス。既ニ各地ニモ往々其ノ企アリト雖《いえど》モ尚此《なおこ》ノ際一層此《これ》ニ注意シ、有志ノ慈善者ヲ奨励シテ保護会社ヲ設立スルカ、又ハ其ノ他ノ方法ヲ以テ差向《さしむかい》旧則第三十条ニ該当スル者ヲ措置シ……夫々《それぞれ》自営ノ道相立《あいたち》候様精々《そうろうようせいぜい》注意計画セラルベシ」と。この保護会社設立の奨励に刺激されて、明治二十二年には京都感化保護院、新潟県出獄人保護会社、東京出獄人保護協会、明治二十三年には埼玉県慈恵免囚保護院、大分県出獄人保護会社、下関保護院等が設置せられた。明治三十年、英昭皇太后の御大葬に際しては、一万五千三百六十人の恩赦があり、皇室に於かせられては免囚保護事業の為め畏くも御内帑金《ごないどきん》を御下賜あらせられたので、御仁愛に感激した国民の間には、出獄人すなわち免囚の保護に対する関心ようやく高まり、保護機関の設立は次第にその数を加うるに至った。

（三）政府の奨励

当時、当局の見解に依れば、出獄人の保護は本来「民間篤志家ノ施設経営ニ属スベキ」慈善事業であった（明治四十年五月、典獄会議ニ於ケル司法次官指示）が、前掲のごとく「刑余頼ル処ナキ者ヲシテ其ノ為スニ一任スルトキハ直《ただ》チニ復《ま》タ罪ヲ犯スニ至ルノ恐アリ、依テ彼輩ヲ保護シテ自営ノ途ヲ得セシムルノ設計アルヲ要ス」ることもまた明らかであったから、この犯罪防遏の立場からして政府は出獄人保護事業の奨励助長に努めたのであった。明治三十六年、監獄に対する地方長官の中間監督が廃せられて行刑の事務が司法大臣の直轄となった際にも、司法大臣は全国の典獄に対して、「免囚保護事業ノ設備ハ今尚《いまなお》十分ナラズト雖《いえども》、各位尽力ノ結果漸次一般ノ同情ヲ惹《ひ》クノ兆《きざし》ヲ呈シ、追々《おいおい》地方有志ノ団体ヲ組織シテ実行ニ着手スルモノアルヲ見ルニ至リタルハ、喜ブベキノ現象ナリ。監獄当局者ハ宜シク此ノ機会ニ投ジ、益々《ますます》進ンデ其ノ成立ヲ勧奨スルト共ニ、着実有効ノ方法ヲ授ケテ其ノ健全ナル発達ト成功トヲ助クルノ注意アルヲ要ス。監獄ノ本省直轄トナリタルガ為メニ、地方行政ト密接ノ関係ヲ有スル此ノ種ノ慈善事業トノ脈絡ヲ薄ウシ、或《あるい》ハ将《ま》サニ起《おこ》ラントスル事業ノ成立ヲ阻止シ或ハ既ニ成立セル事業ノ発達ヲ挫折スルニ至ラシムルガ如キコトナキ様注意アルベシ」と訓示して居る。

斯様な政府の奨励方針に呼応して、各地に於いて慈善的保護機関の成立を見たのであるが、しかしその成功は遅々たるを免れず、その施設はなお幼稚にして前途の見込甚だ乏しきを感ずる状態であった。故に政府は、「免囚保護事業ノ慈善的性質ノモノタルニモ拘《かかわ》ラズ、其ノ本質ヲ害セザルノ範囲ニ於テ相当ノ補助ヲ政府ヨリ与《あた》ヘ以テ此ノ事業ヲ奨励スルノ必要ヲ認メ」（明治四十年五月、典獄会議ニ於ケル司法大臣訓示）、明治四十年より免囚保護事業奨励費を設定した。

斯くして司法当局の指導督励に依って民間篤志家の経営に係る出獄人保護事業は漸次その形態を整え、大正元年八月二十二日現在に於いて保護団体の総数一〇八、その内主として収容保護を為すもの六八団体を算した。

大正元年九月、明治天皇の御大葬に際し恩赦の事あり、恩典に浴する者多数に上ったので、朝野を挙げて聖恩の広大無辺に感激し、恩典に浴したる者をして将来永く忠良の民となって皇恩の万一に報ゆる所あらしめ、その一人といえども再び刑辟《けいへき》に触るること無からしむるため、司法省に於いては民間篤志家に呼びかけて、保護の万全を期することに努めた。

この時、保護事業整備の要望に呼応して仏教各宗が積極的に司法当局と連絡をとって出獄人の保護に尽力することとなったのは特記すべき事柄である。司法省に於いては各宗本山に対し、「檀徒ニシテ新ニ出獄スルモノアルトキハ、菩提寺ハ進ンテ其者ヲ迎《で》ヘ《え》自ラ引受人トナリ、出獄後ノ生活並《ならび》ニ家族関係等ニ付キ十分ニ斡旋ノ労ヲ執リ、爾後引続キ其者ノ監督輔導ニ尽力セラレンコトヲ望ム」。「恩赦ノ大命アリタルトキハ、監獄及《および》免囚保護会ト商議ノ上必要ニ応シ寺院ノ一部ヲ臨時出獄人ノ収容ニ充テラレンコトヲ望ム」。「右ノ外尚《ほかなお》監獄及《および》免囚保護会ニ於テ処理スル保護事務、殊ニ本人カ《が》出獄後ニ於ケル生活方法ノ考究、職業ノ紹介、本人ト其一家、親族、故旧、隣佑《りんゆう》間ノ居中調停ニ協力セラレンコトヲ望ム」。「監獄ノ本監及《および》分監ノ所在地ニシテ今仍ホ《なお》出獄人保護会ノ設ナキ場所ニハ新《あらた》ニ設立ノ計画ヲ定メラレンコトヲ望ム」。「機会アル毎ニ世人ニ対シ出獄人ノ強チ《あながち》悪《にく》ムヘ《べ》キニアラスシテ寧ロ《むし》憫《あわれ》ムヘ《べ》キモノナルコト、出獄人ニ同情シ之ヲ保護スルハ独リ人道ノ要求タルニ止《とどま》ラス《ず》刑事政策上再犯防遏ノ最良手段ニシテ結極《けつきょく》個人及《および》社会ノ利益ヲ確保スル為メノ必要条件タルコトヲ説示シ、保護思想ノ普及ニ力《つと》メラレンコトヲ望ム」等、数項の希望を述べた。

（四）大正年間に於ける発達

斯くして当局の尽力と宗教家の奮起に依り、出獄人保護の事業は大正元年および同二年の二ケ年に於いて躍進的な拡充を見ることが出来た。すなわちこの二年間に於ける保護団体の設立数は過去二十四年間に於いて設立された保護団体数の一倍半という急激なる増加を示したのである。後年の司法保護委員制度の先駆となった福井県福田会《ふくでんかい》の保護委員が設置されたのもこの大正二年であり、これらの保護団体の指導統制、並びに助成、事業従事者の養成訓練、保護思想の普及宣伝等、免囚保護事業の全面的向上を図る目的を以て、司法省監獄局長を会長とする中央保護会が設置されたのも同じ大正二年であった。大正三年財団法人輔成会《ほせいかい》が設置せられて中央保護会を摂収し、全国の免囚保護団体の加盟を得てその指導助成を為すこととなり、斯くて、我が国の免囚保護事業は、大正初期に於いて、民間篤志家の慈善事業としての形に於いて、形式上一応の完成を見せたのであった。爾来《じらい》保護団体の数は逐年増加し、大正十二年に於いて輔成会の傘下にあった加盟団体の数は七一五を算した。

三　少年保護事業の生成

司法保護事業は前述の如く大正中期まではすべて民営の事業であり、その対象は殆ど出獄人のみに限られ、その意味に於いてそれは正しく出獄人保護事業であり免囚保護事業であった。然るに大正十二年に至って少年保護という新しい事業形態が出現するに及んで茲に保護の分野は新しい相貌《そうぼう》を呈するに至った。

（一）旧刑法の下に於ける少年保護

少年の釈放者または不良行為者に対する保護の事業は、前にも一言したように、明治の初期に既にその萌芽を見せて居る（原著二〇頁、本書三一頁参照）。少年は刑事上成人と区別して取扱わるべきものであるという観念は、当時に於いても妥当性を認められたものであった。明治十三年公布の旧刑法は、少年の犯罪者はこれを懲治場に入れて教養することを得るの制度を設け、これに照応して明治十四年の改正監獄則は、二十歳以下の放逸不良の者を懲治場に収容して「矯正帰善」せしむることとした。この懲治場の制度は明治十五年一月よりその実施を見たのである。懲治場は監獄に併置せられ、その職員は監獄吏を以てこれに充て、その処遇に遺憾の点尠からず、実際上は少年の「矯正帰善」に役立つよりも寧ろ逆効果を生ずるに至った。明治二十年の夏、司法次官三好退蔵《みよしたいぞう》は「職務ヲ以テ各地ノ裁判所ヲ巡視シ、到ル処監獄ニ臨ミ、幼年囚ノ処遇及ビ懲治場ノ不完全ナルコトヲ感ジ、其ノ制度ノ改良ヲ企望《きぼう》」したという。

懲治場の実情は右の如くであった為め、民間有志の間には懲治場の弊害を痛撃《つうげき》し、少年に対する感化制度の創始を提唱する者も生じた。東京霊南坂《れいなんざか》教会の小崎弘道《こざきひろみち》は西洋諸国の感化事業を紹介してその必要を高唱し、監獄局の官吏阪部寔《さかべまこと》は明治十四年、有志者の共同を以て東京府下に「感化院」を設けて少年を矯正するの計画を立てた。この計画は中途挫折して実現に至らなかったが、明治十七年、大阪市に於いて池上雪枝《いけがみゆきえ》が不良少年の保護に着手し、翌十八年十月には高瀬真卿《しんけい》が東京に「私立予備感化院」を創立し、明治十九年には千葉県下仏教各宗寺院の共同事業として「千葉感化院」が創設せられた。

明治十年代に勃興の兆を見せた少年感化事業は、明治三十年代に入って一応の結実を見た。感化法の施行がすなわちそれである。当時、懲治場の制度は実際上矯正の効果なく却って少年を悪化せしむるの弊があったのみならず、世上には乞食遊蕩《ゆうとう》の不良少年が増加したので、これに対する特殊保護制度の確立が必要となり、その必要に促《うなが》されて生まれたのが明治三十三年三月公布の感化法であった。これにより北海道および府県には感化院を設置し、感化院には「地方長官ニ於テ満八歳以上十六歳未満ノ者之ニ対スル適当ノ親権ヲ行《う》フ者若《もしく》ハ適当ノ後見人ナクシテ遊蕩又ハ乞丐《こつがい》ヲ為シ若ハ悪交アリト認メタル者」「懲治場留置ノ言渡ヲ受ケタル幼者」および「裁判所ノ許可ヲ経テ懲戒場ニ入ルベキ者」を収容し、適当なる感化教育を施すこととなった。しかし、感化法に於いては感化院の設置は府県の任務とせられたのみならず、一方には懲治場がなお存在していた為めに、実際に感化院を設置した府県は僅かに、東京、大阪、神奈川、埼玉、秋田の二府三県に過ぎなかった。従って実際の少年保護は依然として感化制に依ることなく懲治場に於いて行われたのである。而して懲治場は、当初は前述の如く各監獄に併置されていたが、懲治場設置の本旨に副うて教育的処遇を為す為め、明治三十六年には武州川越に特設懲治場を設け、三十九年には淡路の洲本に洲本懲治場を設置する等、逐次その内容に改善を加え、川越の懲治場の如きは非公式ながらも川越児童保護学校の看板を掲ぐるに至った。

(二) 新刑法施行後に於ける少年保護

明治四十一年十月に新しい刑法が施行された。当時、少年の保護矯正に関しては新しく適正なる制度の確立が要望せられていたのであるが、この如き少年保護制度はその関係するところが広汎であり、これを簡単に刑法典の中に挿入するに適しない為め、後日を期して特別法として制定する方針を採り、新刑法の中には単に十四歳未満の者の行為はこれを罰せざる旨の規定を置くにとどめた。従来の懲治処分は廃止された。

斯くして新刑法の施行と同時に、少年保護に関する特別法の制定が次の課題となったのであるが、しかしその特別法の制定までの間といえども少年犯罪に対する方策は一日も忽せにすることが出来ない。仍《よっ》て過渡的処置として、新刑法の施行と同時に感化法を改正し、各府県に感化院を設けて、従来の取扱いに於いて懲治処分を受くべき幼少年はすべてこれを感化院に収容せしむることとした。明治四十一年九月の司法省訓令に謂う、「今般刑法改正トナリタルニ付十四歳未満ノ犯罪者ハ刑法施行後ハ懲治処分ニ付セズシテ感化院ニ入院セシムルコトトナリタルヲ以テ左ノ如ク取扱フ可《うべ》シ。一、検事公訴提起前被告人ノ年齢十四歳ニ満タザルコトヲ認メタルトキハ感化院ニ入院セシムベキヤ否ヤヲ審査シ、若《も》シ入院セシム可《べ》キ者ナルトキハ其理由ヲ所轄警察署ニ通知ス可シ。
一、裁判所ニ於テハ被告人十四歳ニ満タザルガ為メ無罪又ハ免訴ノ言渡ヲ為シタルトキハ前項ノ例ニ依リ検事其ノ手続ヲ為ス可シ」と。これに依って不良行為および犯罪行為ある少年に対する保護の組織は過渡的に一応その形を成したのである。

しかしながら、感化院の機構は脆弱《ぜいじゃく》であって、多数の要保護少年を収容し得ないのみならず、感化法の定むる保護の方式そのものにも欠陥がある為め、犯罪を為す虞ある少年に対する保護の必要を充足するに足りなかった。また受刑後釈放少年に対しては何ら保護の方法がなかった。刑法改正の頃には、検事局に送られて来る未成年犯罪者の数は一年およそ二万であったが、その後逐年増加して大正八年には刑法で処分された数だけで三万を越え、また十八歳未満の者について見れば大正三年の一万以下に対して大正八年は一万五千を突破し、これに対する保護の制度の必要は焦眉《しょうび》の急と感ぜらるるに至った。当時検事局に於いては少年事件についてはなるべくこれを起訴しない方針の下に、犯罪数回に亙るも起訴を猶予したのであるが、少年の悪性増長して他の方法を執ることが出来ない場合には公訴を提起して刑罰を加えるより外はなかった。斯様にして起訴猶予になった少年に対しても、また受刑釈放された少年に対しても、これを保護するの方法は制度上全く存在しないのであったから、これに対する保護制度を確立整備することは焦眉の急務として痛感せられるに至ったのである。

(三)　少年法の誕生

少年保護法制の制定準備はこの間に進められた。明治四十三年帝国議会に於いて、少年に対する特別法制定につき議員から督促的質問があり、同四十四年九月法律取調委員会に於ける刑事訴訟法改正主査委員会に於いても少年特別手続きの必要が主張せられ、斯くして同四十五年一月、同委員会内に少年に関する特別法案の調査に関する特別委員が設定せられた。特別委員は大正二年十二月より審議に入り、大正七年十月第二次成案を得、大正八年二月第三次成案を得てこれを法律取調委員会会長に報告した。法律取調委員会は直《ただ》ちに総会を開き、慎重審議を重ぬること前後十三回に及び、一部修正を以てこれを可決し、同年七月これを少年法案として司法大臣に報告した。

右の少年法案はその姉妹法たる矯正院法案と共に大正八年第四十二帝国議会に提出されたが、議会解散のため不成立に終わった。そこで司法省に於いては大正九年七月第四十三議会に対し、前議会に於ける修正意見に基づき法案を整理して提出したが、貴族院に於いて会期満了のため審議未了となった。更に同年十二月第四十四議会にも提出されたが、前議会同様貴族院に於いて審議未了となった。司法省に於いては右第四十四議会の貴族院に於ける審議の状況に鑑み、内務省と協議の上、法案に新たに第二十八条の第二項として「十四歳ニ満タザル者ハ地方長官ヨリ送致ヲ受ケタル場合ヲ除クノ外少年審判所ノ審判ニ付セズ」の一項を挿入して大正十一年四度これを帝国議会に提出した。本案は原案のまま両院を通過したので、大正十一年四月十七日、少年法は矯正院法と共に公布を見たのである。

（四）少年保護の体制

少年法は大正十二年一月一日より施行せられた。同法に依れば、少年に対し保護処分を為す為め少年審判所を置き、少年にして刑罰法令に触るる行為を為しまたは刑罰法令に触るる行為を為す虞ある者あるときは、少年審判所はこれにつき審判を為し、審判の結果として（一）これに訓誡を加え、（二）これが訓誡を学校長に委嘱し、（三）書面を以て改心の誓約を為さしめ、(四) 条件を附して保護者に引渡し、(五) 寺院教会保護団体または適当なる者にこれを委託し、(六) これを少年保護司の観察に付し、(七) 感化院または (八) 矯正院に送致し、(九) 病院に送致または委託する等、種々の保護処分を為すことを得ることになった。この種々の保護処分の運用として展開された保護活動がすなわち現今に於ける少年保護事業である。

少年保護事業は従来の免囚保護事業に比較して幾つかの著しい差異を有する。第一、その対象を異にする。従来の免囚保護事業に於いては保護の対象は悉く受刑の前歴を有する者であったに対し、少年保護の対象は全く受刑の経験なきものである。この点に於いて保護事業は行刑の全く及ばざる別箇の対象を有し、行刑の補完的事業たるより以上の意味をその対象についても有するに至ったのである。第二、経営の主体を異にする。免囚保護事業は民間篤志家の経営であるに対し、少年保護事業は国家自ら少年審判所、矯正院等の機関を設けてこれが経営に任じた。第三、少年保護に於いては保護の法制的基礎が与えられ、その結果、全部の保護活動に対し国家の意思が浸透することとなった。免囚保護事業に於ける保護活動は何らの法制的基礎を有せず、全く民間篤志家の恣意《しい》に基づくものであったに対し、少年保護に於いては、国家機関自ら為すところの保護活動に於いては固よりであるが、国家機関が民間人に委託して為すところの保護活動に於いても、国家機関の指導監督が、法令を基礎として行われることとなった。第四、免囚保護の出発点は人情であり慈善であった。後年に至り国家はこれに再犯防遏の意義を認めて奨励の策を講じたのであるが、本質に於いては免囚保護事業は個人の人道的感情の発露に外ならなかった。これに反し少年保護は最初から国家の刑事政策の一部分として構成された。国家は少年保護事業に於いては、対象の教化に依って犯罪の防遏を成就せんことを期したのである。第五に、少年保護は単なる事後救済活動から進んで明らかに予防活動をその範囲とするに至った。このことはその対象決定の方法に於いても見られることである。第六、保護の組織についても少年保護は、国家と社会との協力の体制を萌芽的ながら樹立した点、また個性調査に於ける科学的方法の採用、観察保護および収容保護の両方法の併用等の諸点に於いて免囚保護事業に対し著しい差異を示した。斯くして少年保護事業の誕生に依って司法保護事業は免囚保護および少年保護という或る程度異質的なる二つの領域を有することになり、この頃から免囚保護と少年保護とを包摂する司法保護事業という新しい観念が発生するに至ったのである。

四　司法保護事業に於ける国家性の成長

（一）法制化の要求

司法保護事業の主部を為すところの出獄人保護事業は前述の如く明治中葉以来民間篤志家の自由意思に基づく慈善事業として行われたのであるが、事業の性質上これを国費を以て経営すべしとの論議は早くから行われ、明治四十年一月には貴衆両院に対し保護事業国営の建議も為されたのであった。同年の議会に於いて免囚保護事業奨励費の予算が始めて認められ、同年以降毎年一万円の奨励金が交付されたが、しかし当時に於いてはこれが補助奨励は保護事業の慈善事業たる性質を損わざる範囲にとどめられたのである（前掲原著二四頁、本書三二頁）。これに対し、刑余者の保護は国家義務にして国家自らこれを為すべきものなりとする主張は、既に大正初期に於いて漸次力強く提示されるに至った。例えば大場茂馬《おおばしげま》博士の如きは、（一）出獄人の保護は犯罪の原因を芟除《さんじょ》し社会の安寧幸福を増進する上に至大の関係を有し、その繋がる所は国家の公益に在るから、その存廃および保護の範囲はこれを一私人の自由意思に委すべきものでなく、国家自らその任に膺《あた》り自らこれを経営すべきものである。私人の事業とすれば動《やや》もすれば一存一廃して恒存性を失い、或いは保護不十分の弊に陥り易いものであるから到底国家の公益と相容れないのである。（二）刑余者は普通人の有しない不名誉を荷《にな》う為めに社会に伍することが出来ず、遂に生活費料に窮して累犯に陥るものであるが、その処刑は国家自ら為せる所であり、その処刑に依って社会的累犯の原因を発生するものであるから、その原因は国家自らこれを芟除しなければならぬ。刑余者の保護は国家の責任の履行もしくは罪業消滅の意味に於いて国家の義務である。（三）刑余の不信用の為め生業を得ず、またはこれを失い、または相当の労働力なき為め生活資料に窮乏するものに対し、一面道徳的の感化に依り処刑者の個人的性質を改善し、また他の一面職業的の訓練に依り労働力を増進せしむることは、国家の如き絶大の権力を有するものにして始めて可能なるところである。この事が単に犯罪原因を芟除するの効あるのみならず、また国家の富力を増進するの効あることは明白である。（四）国家はその安寧秩序を維持する自衛上の必要から危険分子に対しては相当の検束を加うるの権利を有する。然るに慈善事業に於いては出獄者の中に於いて保護を希望する者のみが保護を受くることとなり、兇悪不遜《ふそん》の徒にして再犯の虞濃厚なるものは保護を受くることとならない。これらの徒に対する保護は国家事業にして始めて望み得べきものである。——これらの理由に基づいて出獄人保護の官営を主張したのであった。

しかしながら、実際に於いては出獄人保護事業に対する国家の参加は僅かに奨励金の交付の一点に於いて見らるるに過ぎなかったのみならず、その奨励金さえも国家財政の都合に依り大正四年度よりは廃止せられるに至り、再び純然たる民間事業への逆転を見るに至った。当時、事業の発達はなお幼稚の域を脱せず、各地の保護施設は概ねその基礎薄弱であって、纔《わずか》に司法省の奨励金に依り辛うじて経営を維持するものも少なくなかったことであるから、奨励金の廃止は全国の保護団体に非常なる衝撃を与え、多数の保護団体は忽《たちま》ち維持の困難を感じ事業を中止するの悲境に陥らんとする状勢であった。依って政府に於いては前年成立したる財団法人輔成会をして政府に代わり年々若干の奨励金を支出せしむることとして、ようやく事業の中途挫折を喰い止むることが出来た。

奨励金の交付は幸いにして大正八年より復活されたが、その金額は余りに少額で保護事業費の欠乏を潤《うるお》すに足りなかったので、当時ようやくその重要性を認められ来たった釈放者保護事業をして充分なる機能を発揮せしむる為めには、奨励金の大幅の増額が必要であることが痛感せられるに至った。而して他面に於いては釈放者の保護は本来国家の任務に属すべきものであるという認識が漸次普及し、この認識が彼の奨励金増額の要望と結びついて、茲に保護事業に対する指導および奨励の法制を確立すべしという新なる要求を萌芽せしむるに至った。

この保護事業法制化の要求を急速に成長せしめたものは少年保護事業の誕生であった。先に述べたように少年保護事業は国家の制度として創設せられたものであって、保護事業の国営形態としての一つの方式を示したのみならず、同時にそれは、保護事業の国営形態の下に於いて民間私人の果たし得べき役割と占め得べき地位とを暗示したのであった。観察保護に当たるべき少年保護司事務嘱託の制度と、保護団体に対する委託費補給の制度とがそれである。この少年保護の制度が円滑なる運営を始めて、保護事業法制化の良き先駆となったのであるから、従来経営の方式に悩み来たった釈放者保護の分野に於いて法制化の要求が漸次高潮するに至ったのは自然である。民間保護事業家の大会に於いてはしばしば釈放者保護制度の立法化が叫ばれるようになった。斯くの如き要望の具体化として、昭和八年第五十回議会には議員から「司法保護法案」が提出され、続いて第六十五、第六十七の両議会にも繰返し同趣旨の議案が議員から提出され、いずれも成立を見るには至らなかったが、釈放者保護事業の国家的重要性を知らしめ、併せてこれが法制化を促進した効果は没し難いものがあった。

(二) 思想犯保護観察法の制定

前述したような、釈放者保護事業に法制的基礎を与うべしとする要望を、思想犯罪防遏の契機に於いて一部分具体化し、その全面的具体化への踏台を築いたものは、思想犯保護観察法の制定であった。

わが国に於ける思想犯罪防遏の歴史は、厳格なる検察および裁判と熱病的社会思想との血みどろの争闘を描き出したのであったが、昭和八年の佐野・鍋山等の転向声明を転機として左翼思想運動は急激に衰頽《すいたい》の一路を辿り、共産主義運動関係者中、多数の「転向者」を生ずるに至った。これらのいわゆる「転向者」は、その心境および生活状態についてみれば、これを放置するに於いては再び邪道に陥る虞ありと見らるるものがあり、また、依然として転向しない者もあり、転向の意思ありや否や不明なる者も少なくなかった。昭和三年以来当時に至るまでに治安維持法違反として検挙された者の数は六万を超え、その中で、起訴猶予の処分もしくは刑の執行猶予の言渡を受け、または刑の執行を終わり、もしくは仮出獄を許されたる者の数だけでも一万人以上に達して居た。当時に於ける思想情勢に照らしても、これらの者に対してその再犯を防止することは治安確保の上から喫緊《きつきん》の要務であるから、非転向者や準転向者に対しては思想転向を促進し、転向者に対しては転向を確保するの途を講ずることの必要が痛感せらるるに至った。然るに、この種の者に対する転向の促進およびその確保の道は、決して威嚇弾圧の中にあるべきではなく、実に保護観察の方法に依ってのみこれを成就し得るのである。それ故に政府は、新たに思想犯人に対する保護観察の制度を樹立し、思想犯人の思想および行動を観察し、これを保護指導することに依ってその更に罪を犯すの危険を防止し、これを忠良なる臣民に帰らしめ、以て思想刑事政策の目的を達成することとした。

昭和十一年五月第六十九回帝国議会に提出された思想犯保護観察法案は右の構想に基づくものであって、同議会の協賛を得て昭和十一年五月公布、同年十一月二十日を以てその施行を見た。洵にわが国独自の立法であって、世界に誇るに足るものといえよう。

思想犯保護観察の制度に於いては官庁たる保護観察所および保護観察審査会が機関となって思想犯人に対する保護を行うものであるから、これに依って思想犯保護の事業は完全に国家事業として確立されたのである。然るに思想犯人というものは、司法保護事業に於いて本来対象とせらるべきところの釈放者、起訴猶予者、刑執行猶予者等の一部分に外ならないのであるから、換言すれば本制度は成人に対する司法保護事業の一部的国営化に外ならなかったのである。従来の釈放者保護または猶予者保護の事業は、民間篤志家の経営に一任されて慈善事業的範疇を出でず、国家のこれに対する助成は極めて微弱であり、その経営の方法も恣意的にして統一的でない等種々の理由の為め、一種の行き詰まり状態にあったのであるが、思想犯保護観察法は大胆にこれを国家の経営となし、これに民間篤志家の参加協力を求めて、茲に国家および社会の共同事業の形態を確立し、強力なる組織を以て明確なる目的に向かい統一的邁進を為すこととしたのである。思想犯保護観察制度はこの点に於いて司法保護事業史上画期的意義を以て新方向への飛躍を示したものである。

思想犯保護観察制度は、他の点に於いても司法保護制度史上重要なる意義を有する。近時に於ける刑事政策の要求は保護対象の拡大を要請し、単に仮釈放者および満期釈放者だけでなく、起訴猶予者および刑執行猶予者をも保護の対象として包摂することを必要とするに至った関係上、これに照応して対象の選択、施設の分化、関係諸施設との連繋の緊密化、社会の協力支持の組織化等、保護経営上の進歩的形態が要請されるに至ったのであるが、思想犯保護観察制度は、本法その他の附属法規に於いてこのような保護事業に於ける進歩的形態を法文化したものであって、その点に於いても重要視せらるべき意義を有するのである。

（註一）本制度の司法保護事業史的意義を離れて、思想対策上に於ける本制度の意義については極めて重要なるものが存するのであるが、その点は此処には触れない。

斯くの如く思想犯保護観察法の制定は種々の重要なる意義を有したのであるが、司法保護制度の発展史から見れば、前述の如く本制度が保護の事業を国家の責任に於いて行うこととした点が最も重要視せられなければならないのである。その立案者の意思に於いても、本制度は、単に当面の思想対策に一新局面を打開するのみならず、この新局面の展開に依って釈放者および猶予者保護事業全般の法制化並びに国営化の基礎たらしめんとする意味を有するものであった為め、従って本制度の確立は一般釈放者保護事業の法制化並びに国営化の要望を一段と昂揚《こうよう》せしむるに至った。昭和十二年五月東京に於いて開かれた全日本司法保護事業大会は、「司法保護事業ガ民間経営ノ事業トシテ形式内容倶《とも》ニ其ノ発達ノ限界ニ到達シタル今日ニ於テハ、之ヲ法制化シテ国家的事業ト為シ更ニ発展飛躍ノ途ヲ講ズルコト至極相当ト思料セラル」という認識の下に、司法大臣に対して「政府ハ民意ニ鑑ミ速《すみやか》ニ全般的ニ司法保護制度ヲ制定セラレムコ《ん》トヲ要望」する建議を為して居る。その上、制度化された後の思想犯保護事業の実績はすこぶる顕著なるものがあったので、これに援護されて、司法保護事業制度化の主張は爾来我が国司法保護事業思潮の主流をなすに至った。

(三) 司法保護事業法の制定

支那事変の長期化と共に司法保護事業の任務はようやく重大を加えた。国を挙げて東亜新秩序建設の大業に邁進《まいしん》して居るときに於いて、銃後に於ける治安を確保することは最も緊要なる時務に属することが、ようやく一般の認識を得んとするに至った。而して司法保護事業が克くこの任務を遂行せんがためには、保護の対象たるべき者は洩《も》れなく保護してその再犯に陥るの危険を防止すると共に、進んで忠良なる臣民の道に復帰せしめ、国民として充分の御奉公を為さしむる様これを輔導援護することが肝要である。然るに一般犯罪者の保護についてはこれに関する国家的施設なく、主として民間に於ける保護事業経営者の手に依って為され、その負担は極めて過重である為め、勢い一般犯罪者の再犯率も大なるを免れない。民間に於ける保護事業の経営者の数は相当多数に上るけれども、その機構は少数のものを除いては概ね脆弱であるのみならず、その保護活動の内容についても殆ど各経営者の任意に委《まか》せられて居った関係上、その熱意に於いては洵に推重すべきものがあるに拘らず、その方法に於いては今なお改善の余地大なるものが尠くないのであった。しかも司法保護の対象たるべき者は毎年数十万にも達するのであるから、民間に於ける保護事業経営者のみの努力を以てしては能く当面の必要に対応し得ない事情にあった。依って政府は、一面に於いて司法保護事業を経営する者に対する助成の方途を講じ、適当なる指導監督を加えてその機能を一層有効適正に発揮せしむると共に、他面に於いては、これを補強する為め、保護事業経営者以外の民間有識者に司法保護委員を委嘱して保護活動を為さしむる為、司法保護事業法を制定することとした。尤も司法省に於いては、一般保護観察法を制定して再犯防遏の整備を図るの急務を認めたが、国家財政の現状に鑑みて、取敢えず民間に於ける司法保護事業の整備拡充を図るべく本法の制定を企図したのであった。法案理由書には、「最近ニ於ケル犯罪現象中、再犯ノ逓増《ていぞう》ハ特ニ憂慮スベキモノアルニ鑑ミ、民間ノ司法保護事業経営者ニ対シ指導監督及《および》助成ヲ為スト共ニ、新ニ司法保護委員ノ制度ヲ設ケ、以テ再犯防遏ヲ図ルノ要アリ、是レ本案ヲ提出スル所以ナリ」として居る。

司法保護事業法案は昭和十三年第七十四帝国議会に提出され、その協賛を経て昭和十四年三月公布せられ、同年九月施行を見た。

本法の施行に依って釈放者保護および猶予者保護の事業は明らかに国家の責任に於いて行わるるに至った。すなわち、起訴猶予者、刑執行猶予者、刑執行停止者、刑執行免除者、仮釈放者、満期釈放者等の保護を為す事業は、従来篤志家の任意経営を以て行われたのと異なり、今後に於いては本法に準拠して国家の指導監督の下に行わるべきこととなったのである。すなわち、その事業の開始および廃止について主務大臣の認可を要するのみならず、監督上必要なる場合には事業に関する報告を徴し、実況を調査し、また事業の経営に関し指示を為し得ることとなり、また往々弊害を伴うところの寄附金募集に関しては許可制が採用され、なおこの指導監督に協力すべき機関として司法保護事業委員会が設置されることとなった。而して斯くの如く指導監督を加うる反面に於いては、政府は奨励金を交付し得ることと為し、また地方税の免除に関する規定を設けて助成の方法を法制上確立した。

斯くの如く司法保護事業の経営に対し指導監督および助成を以てこれを強化することとしたのは、畢竟、これらの民間施設をして国家の刑事政策的任務を遂行せしむることとなったからに外ならないのであって、換言すれば、これらの民営団体はその機能上より見て国家的性質を確認せらるるに至ったのである。

釈放者保護の機構としては、右のごとく民間経営の事業を活用するの外、別に司法保護委員制度を設置し、司法大臣に於いて司法保護委員を選任し、これを司法大臣の定むる保護区に配属し、司法大臣の監督の下に司法保護事業法第一条に掲ぐる者の保護を為さしむることとして居る。

この如く釈放者保護の事業は、その機構に於いて国家性が確立せられたのみならず、これらの施設をして為さしむべき事務の範囲内容もまた国家の事務として明定《めいてい》せられた。すなわち司法保護事業法第一条は、これらの場合の保護に於いては「本人ガ更ニ罪ヲ犯スノ危険ヲ防止シ之ヲシテ進ンデ臣民ノ本分ヲ恪守セシムル為性格ノ陶冶、生業ノ助成其ノ他適当ノ処置ヲ以テ本人ヲ輔導スルモノ」であることを明文を以て規定し、「保護ノ種類及《および》方法ハ命令ヲ以テ」詳細に規定せられたのであって、斯くして本法の施行に依って司法保護事業は全面的に国家事業的性格を帯ぶるに至ったのである。

第四節　司法保護事業の体系

現在の司法保護事業は前述の如き発達の結果として少年法、思想犯保護観察法並びに司法保護事業法およびこの三つの法律の附属法令に依拠して行われて居る。次にその組織の概略を述ぶることとする。

一　保護の対象

司法保護事業は前述の如き二つの要請を基礎とし、一面に於いては防犯的要求を充足すると共に他面に於いては倫理的要求を高度の段階に於いて充足することをその任務とする。従って司法保護事業の組織は、犯罪の危険性を包蔵する者からその犯罪危険性を除去し、これを忠良なる臣民として育成し、これをして国民たる栄誉と喜悦とを亨《う》けしむると共に、国民としての責務を果たさしむることを目的としなければならない。この観点に立つときには、犯罪の危険性を有する者はすべてこれを保護の対象として考慮することが必要である。司法保護事業法は、いわゆる司法保護事業に於ける保護の対象として次の七つの範疇を掲げて居る。

① 訴追ヲ必要トセザル為公訴ヲ提起セズトセラレタル者
② 刑ノ執行猶予ノ言渡ヲ受ケタル者
③ 刑ノ執行停止中ノ者
④ 刑ノ執行ノ免除ヲ得タル者

⑤仮出獄中ノ者
⑥刑ノ執行ヲ終リタル者
⑦少年法ニ依リ保護処分ヲ受ケタル者

尤も、保護の対象は厳密にこの七つの範疇に限定されるものではない。また、実際には、これらの範疇に属する者の全部が保護の対象とせられるのではない。第一、将来犯罪の危険性なきものはこれに保護を加うるの必要はない。次に、保護を加えてもその効果を期待し得ない者は、これを保護すべき理由がない。また成人にして改悛の情なき者については、道義の尊敬に牴触《ていしょく》しない範囲に於いての外はこれに保護を加うることは許され難いのである。従って具体的場合に保護の対象たるものは、少年または改悛の情ある成年者にして、これを放任するに於いては性格上または境遇上犯罪に陥るの虞を有し、これを保護するに於いてはその効果を期待し得べき者に限られることとなる。ただし改悛の情なき者であっても治安上これを放任し難い者については改悛促進の意味に於いて保護を加うることを適当とする場合がある。思想犯保護観察法の下に於いて非転向者に対し保護観察を為す場合の如きである。

〔実質的分類〕――現在の司法保護事業に於ける保護の対象は、形式的には、前に掲げたように七つの範疇に区別せられるのであるが、実際に保護を行う立場に於いては、これをその実質に従って分類することを適当とする。第一は、刑事上の処遇の種類に依る区別である。起訴猶予者および刑執行猶予者はその罪状軽く、検事または裁判官の判断に依って実刑を科するに及ばずして改善の見込みあるものと認定せられたものである。これに反し、仮釈放者および満期釈放者は、受刑中世間から隔離されて拘禁生活を為し、隔離拘禁の影響を善悪共にその心身に滲《し》み込まされて居るものである。従って起訴猶予者および刑執行猶予者（総括して猶予者と称する）と、仮釈放者、満期釈放者並びに刑執行停止者および刑執行免除者（総括して釈放者と称する）とは、保護上それぞれ特別の考慮を為すべき別種の保護対象として考えられねばならない。第二は、年齢に依る区別である。少年は心身共に発育未熟なるものであるから、これが処遇については成年者と区別しなければならないことは当然である。少年法の基本精神もまた其処に存するのであって、すなわち此処に司法保護事業に於ける保護の対象として少年という特殊の種類が考えられて来るのである。その主要なる部分は少年法に依り保護処分を受けたる者である。第三は、犯罪の性質に依る区別である。犯罪の性質について見ると、前記第一号より第六号までに掲ぐる者の中には、危激思想に基づいて治安維持法の罪を犯したる者が含まれて居る。これらの者は、その犯罪の性質が他の者と異なるのみならず、人間的性格に於いても他の犯罪者とは異なるところが多く、社会および生活に対する態度方針等についても特別のものを有する。従ってこれが輔導については特段の考慮を必要とするのであって、保護の対象としては一般犯罪の猶予者または釈放者に対し特別の部類たるべきものである。斯くして保護の対象は実質的意味に従って猶予者、釈放者、少年および思想犯の四種に区別せられるのである。

二　保護の機構

保護の機構は対象の実質的分類に従って構成せらるることを相当とする。歴史的の形態も大体に於いてこれに従って発達して居る。

（一）保護の機関

保護を為す機関としては、少年審判所、矯正院、保護観察所、保護観察審査会、司法保護委員、および民間施設たる司法保護団体がある。

少年審判所は少年に対し保護処分を為す官庁、矯正院は少年を収容して矯正教育を施す官庁、保護観察所は思想犯人の保護観察を掌《つかさど》る官庁、保護観察審査会は思想犯人を保護観察に付すべきか否かの審査を為す官庁である。いずれも、一般犯罪の釈放者また猶予者の保護には関与するところがない。これに反し司法保護委員は、司法保護委員令に基づき司法大臣の任免する名誉職の公務員であって、主として猶予者および釈放者の保護に従う。

司法保護団体とは司法保護事業を経営する者のことであって、その機能に依り、直接に対象者の保護を為す事業を経営するもの（直接保護団体）と、これらの事業に関し指導、連絡または助成を為す事業を経営するもの（指導助成団体）とに区分される。直接保護団体はその取扱う対象の種類に依って、猶予者保護団体すなわち起訴猶予者および刑執行猶予者の保護を為すことを目的とするもの、釈放者保護団体、すなわち刑執行停止中の者、刑執行免除者、仮釈放者または釈放者の保護を為すことを目的とするもの、少年保護団体、すなわち少年法に依り保護処分を受けたる者または十八歳未満の起訴猶予者、刑執行猶予者、刑執行停止者、刑執行免除者、仮釈放者または満期釈放者の保護を為すことを目的とするもの、および思想保護団体、すなわち治安維持法の罪を犯したる者にして起訴猶予、刑執行猶予仮釈放または満期釈放の処分を受けたる者の保護を為すことを目的とするもの、の四種に区別される（司法保護事業法施行規則第十四条、十五条参照）。

（二）保護事業の分野

（イ）釈放者および猶予者の保護は、司法保護事業法施行規則に従って運営せられるものである。猶予者の保護と釈放者の保護とは、対象者の性質上から見れば当然それぞれ別箇の分野を形成すべきものであるが、沿革上、猶予者に対する保護は釈放者保護団体に於いて附随的に行われ来たったもので、現在に於いても、猶予者保護の機構は釈放者保護の機構に対して未だ組織上の分化を遂《と》ぐるに至って居ない。従って両者は現在のところ司法保護事業に於ける同一分野を構成して居るものとして、往々「一般保護事業」の名を以て呼ばれて居る。

　しかしながら猶予者は前述の如く釈放者に対比すれば或る特殊の通有的境遇、前歴、性情を有するものであるから、これに対する保護の事業は将来に於いては一般保護事業に於ける特殊の分野として構成せらるることを要するのである。また、猶予者或いは釈放者の中でも、老齢者、婦人、精神薄弱者等のごとく特別の資質性情を有するものは、これに適応せる特別の保護方法を講ずることを相当とする。次にまた、受刑中の者の家族に対する保護は、これまた釈放者保護上看過すべからざる一分野を形成するものと謂わなければならない。

　釈放者保護および猶予者保護に於いて、保護に当たる者は、司法保護委員および司法保護団体である。

（ロ）少年の保護は、少年法に依る保護処分の運用を以てその主要部分とする。これが少年保護の固有の分野である。これに従事するものは、少年審判所、矯正院、少年保護団体等である。

　少年法に依り保護処分を受けてその処分を解除せられたる少年につき、更に保護を加うるの必要があると認めらるる場合には、少年法に依らざる任意的保護の手段を講ずる余地が存する。これを吾々は少年保護の第二の分野と謂うことが出来よう。この分野の少年保護は司法保護事業法に基づいて行われるものであって、その保護に携わるものは、理論上、司法保護委員および少年保護団体である。

少年の保護には更に第三の分野がある。それは、少年にして司法保護事業法第一条第一号乃至《ないし》第六号に該当する者を保護する事業である。少年にして司法保護事業法第一条第一号乃至第六号に該当する者とは、起訴猶予者、刑執行猶予者、刑執行停止者、刑執行免除者、仮釈放者または満期釈放者にして十八歳未満の者を指すのであって、司法保護事業法施行規則第十五条は、この種の少年に対する保護は、十八歳以上の起訴猶予者、刑執行猶予者、刑執行停止者、刑執行免除者、仮釈放者または釈放者に対する保護とは別に、独特の経営に於いて為さるべきであるという思想を示して居る（同条第三号）。すなわちこの種の少年に対して収容保護が必要である場合には猶予者保護団体や釈放者保護団体とは異なるところの少年保護団体に於いて収容保護が行われることを原則とするのである。またこれらの者に対しては、司法保護委員の観察保護を必要とする場合もあり得るわけである。斯くして茲に少年保護の第三の分野が形成されるわけである。しかしながら少年審判所の管轄区域に於いては、此処に掲げた少年の中で刑執行猶予中の者および仮出獄中の者は、少年法の規定に依り当然に少年保護司の観察という保護処分に付せられ、必要あるときは更に少年保護団体に委託その他の保護処分を為されることになって居る。これは右に掲げた少年保護の第一の分野に属するものであるし、また少年にして刑執行停止中の者または刑執行免除を得たる者はその例に乏しいのであるから、実際上は主として少年の起訴猶予者に対する保護のみが茲にいう第三の分野に属するのである。然るにまた、少年に対する起訴猶予の処分は少年法に依る保護処分の実施ある場合に於いては原則として後者に吸収せられるべきものであるから、少年法に依る保護処分が全国に実施された暁《あかつき》に於いては少年の起訴猶予者なるものは殆どその例を見ないこととなるであろう。従って将来少年法の保護処分が全国に施行された場合に於いては、此処に掲げた少年保護の第三の分野は殆ど自ら解消して、少年保護事業は前掲の第一の固有の分野および第二の分野に限られることとなるのである。

（ハ）思想犯人の保護は、思想犯保護観察法に依って行われる保護観察処分の運用をその主要部分とする。その機関たるものは保護観察所、保護観察審査会、思想保護団体である。

思想犯保護観察法に依る保護観察の対象たり得べき法律上の条件を有する者につき、思想犯保護観察法に依らずして司法保護委員または司法保護団体の保護を受けしむるの必要ありと認められる場合には、其処に、司法保護事業法施行規制に依る保護の場面が生じ得るのであって、これを思想犯保護の第二の分野とする。

司法保護事業の一分野としての思想犯保護事業は、右の二つの小分野を包摂するものと考えなければならない。

(二) 指導、連絡および助成――対象者に対する保護の機構は、現在に於いては、右に掲げた釈放者および猶予者の保護、少年の保護、並びに思想犯保護の三分野を以て尽きるのであるが、斯くの如く直接に保護を行うところの事業分野の上に、これらの事業に対する指導、連絡および助成を行うところの一系統が考えられねばならない。すなわち指導助成の分野である。

三　保護の種類および方法

① 保護の種類――右に掲げた直接保護の三分野に於いて行わるる保護の方式は、実質的に見てこれを収容保護、観察保護、および一時保護の三種に分かつことが出来る。

収容保護は本人を一定の施設に収容し、継続して輔導する保護形態であって、本人が帰住地を有せざる場合その他特に必要ある場合に於いてこれを行う。その輔導に当たりては教育、授産その他社会生活に必要なる訓練を施すことを主眼とする。観察保護は本人をその住居に就き継続して輔導する保護形態であって、本人が一定の住居を有する場合に於いて行う。その輔導に当たっては面接、通信その他の方法に依り鼓舞激励し、これを正常なる生活に馴致《じゅんち》せしむることを主眼とする。一時保護は応急の必要ある場合に於ける帰住の斡旋、金品の給与、または貸与、或いは少年に対する訓諭、相談等、一時の輔導を与うる保護形態である。

右の保護の種類は、保護の形態に依る実質的分類であるが、司法保護事業法の下では法規上もこの実質的分類に従って収容保護、観察保護および一時保護という三種の保護の種類を規定して居る。従って司法保護事業法の運用に於いては、法規上の分類は実質的分類に一致して居る。これに反し少年保護および思想犯保護の固有の分野に於いては、その保護処分或いは保護観察処分の法定種類は右の分類と合致しない。各種の保護処分または保護観察処分のそれぞれの内容は、実質的には収容保護観察保護または一時保護のいずれかに恰当《こうとう》するのであるが、処分の運用は少年法または思想犯保護観察法の規定に従うのである。しかし前述の如く、広義の少年保護および思想犯保護の領域に於いては司法保護事業法の適用に依るべき特殊の分野が存するのであって、それらの分野に於いては司法保護事業法施行規則にいうところの収容保護、観察保護および一時保護の各範疇がそのまま適用を見るべきものである。例えば、少年にして一時的保護処分を受けたる者につき、司法保護事業法に基づいて司法保護委員がこれに訓諭を為すときは、これを一時保護と見るべく、これを保護団体に収容するときは収容保護と見るべきが如きである。

②**保護の方法**——これら各種の保護に於いては、いずれの場合に於いても、本人の性格の陶冶および生活の安定を図ることが目標とせられる。性格の陶冶については、本人の心身を鍛錬してその性状の改善および徳性の涵養を為し、生活の安定については、環境の調整、生活の扶助および生業の助成を為さなければならぬ。環境の調整とは本人を親戚その他の保護者、近隣および被害者と融和せしむることを謂い、生活の扶助は金銭または物品の給与、医療の斡旋等を内容とし、生業の助成は生業に必要なる資金、器具および資料の給与もしくは貸与或いは技能の訓練等を内容とするのである。

第二章　釈放者および猶予者保護の組織

第一節　保護の対象

一　保護対象の数とその分布

釈放者および猶予者とは、前述の如く一般犯罪に依る起訴猶予者、刑執行猶予者、刑執行停止者、刑執行免除者、仮釈放者および刑執行終了者の総称であるが、この中、刑執行停止者および刑執行免除者の数は極めて少数であって(昭和十三年に於ける刑執行停止者は二七七人、内女一二人であった)、実際に於いて保護の対象として重要なる意義を有するものは起訴猶予者、刑執行猶予者、仮釈放者および刑執行終了者の四種である。

最近五年間に於けるその実数を見ると第一表の如くである。

第一表　最近に於ける釈放者および猶予者年次比較表

種別	昭和九年	昭和十年	昭和十一年	昭和十二年	昭和十三年	年平均
起訴猶予者	三二〇、八二三	三〇五、八四四	二九一、〇五五	二五八、四九八	二三七、九五九	二八二、八三五
刑執行猶予者	七、三一三	八、四七三	七、八一六	七、二七一	七、五九五	七、六九三

種別	昭和九年	昭和十年	昭和十一年	昭和十二年	昭和十三年	年平均
仮釈放者	四、三一二	四、八九二	五、二七一	六、七四二	六、四一七	五、五二六
刑執行修了者	三六、七一七	三一、九三一	三三、三七七	三二、六四六	二八、三六一	三二、六〇六
合計	三六九、一六五	三五一、一四〇	三三七、五一九	三〇五、一五七	二八〇、三三一	三二八、六六二

右の釈放者および猶予者の地域的分布を見ると概ね第二表の如くである。（但し本表は昭和十三年中に起訴猶予、刑執行猶予、仮釈放、または満期釈放を受けたる者につき、その釈放官庁の所在に従って区別したものである）

二表　地域別に見たる猶予者および釈放者の数

地域／種類	起訴猶予者	刑執行猶予者	仮釈放	満期釈放者	合計
東京	三〇、三五〇	一、四七二	四三三	二、八三六	三五、〇九一
神奈川	四、八八一	一八五	二八八	一、二八六	六、六四〇
埼玉	三、七三六	一四二	一九三	四九八	四、五六九
千葉	四、四九六	一七七	五七	六一六	五、三六四
茨城	五、三〇三	一〇六	八五	三八七	五、八一一
栃木	五、三八五	八六	一一〇	五六三	六、一四四
群馬	四、〇三五	五五	九五	四六五	四、六五〇
静岡	五、八七一	二四六	九三	六七五	六、八四三
山梨	三、一二六	一〇三	七〇	三二三	三、六二二
長野	五、五八一	一一八	一〇八	三五七	六、一六四
新潟	五、一七四	九五	一一七	三八四	五、七七〇
京都	七、〇〇三	一三一	二二一	六六九	八、〇二四
大阪	二六、九五九	三八四	五四〇	一、六三一	二九、五一五

地域／種類	起訴猶予者	刑執行猶予者	仮釈放	満期釈放者	合計
兵庫	一一、一三六	二〇三	二二七	九六〇	一二、五二六
奈良	二、二〇八	四七	一四八	五三九	二、九四二
滋賀	二、八九七	四八	一一〇	三三六	三、三九一
和歌山	三、七八五	一三六	一一八	三六三	四、四〇二
徳島	一、八四一	九〇	九二	五三五	二、五五八
香川	一、九〇五	五四	六二	五〇三	二、五二四
高知	二、一八八	六九	五四	三九七	二、七〇八
愛知	一三、一四四	六三四	二五〇	一、二七二	一五、三〇〇
三重	二、四九九	一三一	六六	四五一	三、一四七
岐阜	二、六九五	一〇二	一二三	五九二	三、五一二
福井	一、二一二	四〇	七一	一八〇	一、五〇三
石川	一、一八七	七六	八三	二三三	一、五七九
富山	二、〇二五	五二	六六	一九七	二、三四〇
広島	七、七六五	二〇三	三六	一、一七一	九、三八三
山口	二、九四〇	一〇五	一六五	五九八	三、八〇八
岡山	七、二〇三	一八四	一二二	八四七	八、三五六
鳥取	一、七八三	四一	四四	三四六	二、二一四
島根	三、三〇三	八二	三六	三三六	三、七五七
愛媛	四、五二六	六四	一三四	四三六	五、一六〇
長崎	二、九七八	一五三	八五	四五三	三、六六九
佐賀	一、三八一	一九	六九	二三八	一、七〇七
福岡	六、二三五	三一一	二九〇	一、三三七	八、一七三
大分	二、二九三	九六	八四	三七〇	二、八四三

地域／種類	起訴猶予者	刑執行猶予者	仮釈放	満期釈放者	合　計
熊本	四、四八三	一一三	八六	三七九	五、〇六一
鹿児島	二、三一五	一〇一	一〇一	二八七	二、八〇四
宮崎	一、六二四	五七	七二	二七一	二、〇二四
沖縄	六八一	一九	一七	二五八	九七五
宮城	二、六二五	一四三	二〇一	五一四	二、九四八
福島	三、六二五	一四〇	五五	二一〇	四、〇三〇
山形	一、九七〇	八八	二七	一六七	二、二五二
岩手	二、二九五	四四	八六	四九	二、四七四
秋田	二、三一〇	一一六	七四	三〇〇	二、八〇〇
青森	二、二〇九	四六	一二四	二一九	二、五九八
北海道	一一、九二九	四七八	三九六	一、九二〇	一四、七二三
樺太	一、三九九	五二	二五	四〇四	一、八八〇
総計	二三七、九五九	七、五九五	六、四一七	二八、三六九	二八〇、三三〇

二　保護対象者の性質および地位

これらの保護対象者の心身の状況、性格の状態、生活能力、環境の状況、社会的地位等の如何は、保護遂行上最も重要なる問題である。各個の保護対象者については各保護当務者が個別的にこれを調査することに依って知悉《ちしつ》し得る。而して保護上真に重要なることは、各個の対象者につき個別的にこれを剰《あま》すところなく知り尽すということであって、保護対象たるべき者の全部についての総括的集計的観察ではない。蓋し保護の本来の性質がケースワークたることに鑑みて当然である。しかしながら保護対象者たるものについての大量観察も保護上有益なる参考となり得るのであるし、殊に保護制度について考える場合には必須の材料をなすものであるから、茲に二、三の資料に基づいて全保護対象者の相貌を覗うこととする。

（一） 体性と年齢

保護対象の体性を見ると大部分は男であって、女は男の約十分の一に過ぎない。最近五年間に於ける起訴猶予人員総数一、四一四一、七九人中男は一、二八四、七〇七人、女一二九、三三三人であり、同期間に於ける満期釈放者について見れば総数一六三、〇三二人中、男一五九、〇八六人、女三、九四六人である。これを年齢別に見ると、二十歳以上四十歳未満の壮年者が絶対に多い。例えば第三表の如くである。（本表中起訴猶予者は昭和十三年に至る最近五年間に於ける刑法犯起訴猶予者一年平均数二五〇、二二二人の年齢別分類を示し、釈放者は昭和十三年中に出監したる受刑者三六、八三八人の年齢別分類を示す）

第三表　保護対象者の年齢別対照表

		起訴猶予者数	百分比	釈放者数	百分比
未成年者	十八年未満	一二、八六四	五・二	一〇六	〇・二
	二十年未満	一三、四九七	六・二	一、〇一〇	二・七

		起訴猶予者数	百分比	釈放者数	百分比
壮年者	三十年未満	九三、九七三	三七・五	一三、八四四	三七・六
	四十年未満	六四、八七八	二五・五	一一、二二五	三〇・六
高年者	五十年未満	三九、七二九	一五・五	六、五六五	一七・八
	六十年未満	一七、七七八	七・一	二、九一四	七・九
老年者	七十年未満	五、八三八	二・四	一、〇六〇	二・九
	七十年以上	一、六五五	〇・六	一一四	〇・三

(二) 犯罪前の社会的地位

これらの保護対象が犯罪前に於いて如何なる社会層に属し、如何なる社会生活を営んでいたかということは、釈放後に於ける保護対象としての彼等の生活を条件づけるものである。概して社会的地位の低い者が多いことは常識の推測と合致し、このことは彼等の釈放後の更生生活をして困難ならしめる一つの重要事由となっている。まずその資産を見ると、第四表の如く大多数は資産を有せず生活に余裕なきものである。（本表は昭和九年より同十三年に至る五年間の新受刑者一年平均三五、三四六人の資産分類である）

第四表　保護対象者資産状況

	人	百分比
資産あるもの	二七〇	〇・九
やや資産あるもの	一、二五九	三・六
資産なきもの	二三、八三〇	六七・二
赤貧なるもの	九、九六三	二八・二
不　詳	二五	〇・一
合　計	三五、三四六	一〇〇・〇

次にその従事していた職業を見ると第五表の如くであって、全く職業を有しなかった者が低からぬ比率を示していることが注目される。（本表中、刑法犯有罪被告人の職業は昭和九年より同十三年に至る五年間平均一一七、二五六人の犯時職業分類であり、新受刑者の職業は同時期五年間平均三五、三四五人の犯時職業分類であるが、これを以てそれぞれ猶予者および釈放者の犯時職業を推測し得るのである）

第五表　保護対象者の犯罪時に於ける職業

職業／対象者	刑法犯有罪被告人		新受刑者	
	人	百分比	人	百分比
農　業	一三、九八三	一一・九	二、九二七	八・三
水産業	二、二二二	一・九	三三九	〇・九
鉱　業	一、一一八	〇・九	二七三	〇・八

職業／対象者	刑法犯有罪被告人		新受刑者	
工　業	二二、二九二	一九・〇	七、七五五	二二・九
商　業	二四、六四八	二一・〇	四、八一六	一三・七
交通業	一一、五〇八	九・八	八六二	二・五
公務自由業	二、九四一	二・七	一、四九四	四・五
その他の有業者	一〇、三六九	八・八	三、八一五	一〇・七
家事使用人	三六四	〇・三	七六四	二・二
無職業	二七、八一一	二三・七	一二、三〇〇	三四・七
合　計	一一七、二五六	一〇〇・〇	三五、三四五	一〇〇・〇

而してこの有職者の職業的地位を見ると、最近五年間に於ける刑法犯有罪被告人にして職を有したる者一年平均八九、四四五人の中、主業者（すなわち業務の主宰者または独立して業務に従事する者）は八三、〇三七人であって有職者総数の九二・九%を占め、補助者（すなわち主業者の業務を補助する者）は四、八三六人で総数の五・四%、業務者の家族にして職業を有せざるものは実数一、五七二人、比率一・七%である。

教育の程度は、保護対象者の今後の生活能力を条件づけてその社会的地位を規定すると共に他面に於いてはそのかつて有したる社会的地位を示すものである。最近五ケ年に於ける刑法犯有罪被告人の教育程度（年平均、不詳なる者は除く）は第六表の如くであるが、保護対象者の教育程度はこれを以て推知《すいち》して大過ないであろう。

第六表　教育の程度

程度の区別		年平均実員数	百分比
高等教育を受けたる者		一、二一三	〇・五
中等教育を受けたる者		九、七〇二	三・九
普通教育を受けたる者		一九七、八五一	八〇・五
普通教育を受けず	読み書きを為し得	二四、五二八	九・九
	読み書きを為し得ず	一二、八六八	五・二
合　計		二四六、一六二	一〇〇・〇

次に、犯罪の経歴および犯罪の種類もまた、彼等の社会的地位乃至生活状況を推知せしむる材料となるのであるが、最近五年間に於ける起訴猶予総人員毎年平均二八二、八三六人について見ると、（イ）犯罪の経験なき初犯者は二五二、〇七五人で八九・一％を占め、他の一〇・九％すなわち三〇、七六一人は前科者である。また（ロ）これを罪名別に見ると第七表の如くである。

第七表　起訴猶予者罪名別分類（年平均）

罪　名	人　員	罪　名	人　員
〈刑法犯〉	二二三、四一三	〈特別法犯〉	四九、四二二
失　火	七、九四三	自動車取締令違反	五、九五四
住居侵害	二、三六六	度量衡法違反	三、一五五

罪名	人員	罪名	人員
文書偽造	二、三六二	狩猟法違反	二、一二四
賭博	二四、三六一	森林法違反	四、二六五
傷害	二〇、七五八	清涼飲料水営業取締	二、四一〇
過失傷害	八、七六〇	結核予防違反	二、〇九九
窃盗	八〇、二〇〇	古物商取締法違反	三、四五四
詐欺	四〇、六三八	暴力行為処罰	一、六二六
横領	三〇、一〇七	鉄砲火薬類取締法違反	一、七四一
贓物	三、八七〇	庁府県令違反	三、九七三
その他	一二、〇四八	その他	一八、六二一

(三) 保護対象者の性情・性行

次に吾々は保護対象者の性情乃至性格を概観しなければならない。罪を犯した者の性情・性格に関する種々の調査に従えば、これらの者の中には生理心理的或いは素質的傾向に見て、心の平衡を失して偏向しているものが多い。殊に軽浮性並びに放逸性の顕著なるものがすこぶる多く、また発揚性、興奮性の顕著なるもの、懦弱性の顕著なるもの、或いは自我顕示性の顕著なるものが多い。またその日常の行動を見れば、忍耐持久の力を欠くこと、不規律であること、欲望の統制を為さないこと、誘惑に陥り易いこと等を著しい特徴とする。その上彼等は自己が犯罪の前歴を有す

第八表　犯罪原因累計（昭和十三年中の再入受刑者についての調査）

酒色	色欲	酒欲	食欲	射幸	懶惰	虚栄	利欲	貧困	前刑犯罪原因／再入刑犯罪原因
43	30	42	7	3	?	8	?	?	貧困
293	170	185	14	123	1035	35	1331	?	利欲
7	6	4			31	9	13	10	虚栄
471	289	258	46	61	3327	45	730	473	懶惰
11	8	7	1	424	52		127	11	射幸
5	3	4	4		?		4	4	食欲
157	28	395	3	3	303	1	115	68	酒欲
67	178	20	7	5	267	6	77	44	色欲
405	102	143	13	4	470	9	174	85	酒色
25	18	5		3	81	3	26	18	娯楽
22	5	45	1	4	48		50	9	憤怒
		4			9	1	9	2	怨恨
				1				1	嫉妬
					1			1	復讐
22	9	7	1	1	94	2	34	35	疾苦
1	2	1			8		3	3	生育不良
1		1			13	2	3	4	家庭不良
1	1	1			1				親族不和
								1	迷信
1	1			1	5		7	4	友誼
2					4		3	6	誘惑
									模倣
2	2	1	1		9		9	4	不用意
1									災難
11	5	2	1	1	21	1	18	9	刑余の不信用
2	2	1			8		6	3	出来心
14	10	8			52	1	16	24	その他
							2	1	不詳
1564	869	1134	99	634	6094	123	2892	1437	合計

親族不和	家庭不良	生育不良	疾苦	復讐	嫉妬	怨恨	憤怒	娯楽	前刑犯罪原因/再入刑犯罪原因
		7	10			1	5	10	貧困
	11	6	62	1	4	10	69	47	利欲
			1					2	虚栄
	27	26	77		3	6	48	115	懶惰
	1		1	1	1	3	15	16	射幸
							1	1	食欲
	1	3	20	2	1	2	39	4	酒欲
		1	7	1		2	10	20	色欲
	5	2	14		1	4	24	25	酒色
	1		5			1	1	19	娯楽
	2	1	1		5	8	110	2	憤怒
					1	4	7	1	怨恨
			1				9		嫉妬
							2		復讐
	1		34	1			2	2	疾苦
	1	1				1		1	生育不良
	9					1			家庭不良
		1							親族不和
									迷信
						3	2		友誼
		1							誘惑
									模倣
						1	3		不用意
									災難
		1	1					3	刑余の不信用
	1					1	3		出来心
	1		2				3	1	その他
									不詳
0	59	50	236	6	16	48	348	269	合計

その他	出来心	刑余の不信用	災難	不用意	模倣	誘惑	友誼	迷信	前刑犯罪原因/再入刑犯罪原因
14	2	3		2		2	2		貧困
81	25	14	1	19		18	15		利欲
1		1				1			虚栄
71	29	46	3	13	2	48	10		懶惰
4	1	2					3		射幸
									食欲
16	3	9		1		7	1		酒欲
4	8	7		5		9	2		色欲
24	5	8		3		9	3		酒色
1		1		2		4	2		娯楽
3	4			1		1	3		憤怒
1									怨恨
					1				嫉妬
									復讐
4	1	2		2		2	1		疾苦
2		1							生育不良
	1								家庭不良
									親族不和
									迷信
1	1	1		1		1	3		友誼
						5			誘惑
									模倣
1	1			3	1		1		不用意
									災難
1		3		2		1			刑余の不信用
2					1		1		出来心
34		2		1		4	3		その他
1									不詳
266	83	110	4	55	5	112	50	0	合計

前刑犯罪原因／再入刑犯罪原因	不詳	合計
貧困		810
利欲	1	3942
虚栄		86
懶惰		6224
射幸		699
食欲		48
酒欲		1182
色欲		748
酒色		1530
娯楽		216
憤怒		315
怨恨		39
嫉妬		11
復讐		5
疾苦		257
生育不良		25
家庭不良		35
親族不和		5
迷信		1
友誼		32
誘惑		21
模倣		0
不用意		39
災難		1
刑余の不信用		81
出来心		32
その他		176
不詳	1	5
合計	2	16565

〔註・同表の判読不明部分は「?」に、明らかに誤植と思われる部分は修正した〕

るという自覚からして世人の自己に対する差別観を予想し、いわゆる自暴自棄的傾向に陥って、人としての矜持を尊ばず、低劣なる欲求の駆るがままに動いて顧《かえり》みぬというような傾向にあるものが多い。

保護対象者全般の性情性格に関する実証的調査は未だ存しないのであるが、彼等が何故に如何にして犯罪に陥ったかの原因の如何は、これらの者の性情性格を端的に示すものと見ることが出来る。第八表は昭和十三年中に於いて刑務所に再入受刑したる者一六、五八五人の前刑犯罪の原因および再入刑犯罪の原因の分類対照表である。尤も実際には本表に示されるように単一の原因から犯罪に陥るよりは、幾つかの原因の複合に依って犯罪を為すに至るものが多い。本表に示されている原因は、それらの複合諸原因の中から最も力強く働いたと思われる原因を抽出したものであるから、表されている所は抽象的で、かなり実情に遠い場合もあると見なければならない。例えば「刑余の不信用」の如きは、本表に於いては僅か百件内外の原因として現れているが、実際には殆どすべての場合に原因の一部をなしていたものと見ても大過はないであろう。

（四）釈放時に於ける状況

さて保護対象者は、検事局、裁判所に於いて起訴猶予乃至刑執行猶余の処分を受け、或いは刑務所から釈放され、それに依って保護の対象となって社会に現れて来る際に、その社会復帰乃至更生生活の基礎として如何なる条件を具えて居るであろうか。前述の如き心身の状況、犯罪前の社会的地位、環境、或いは個人的性格、教養などの諸条件が、彼等の更生生活の方向やその成敗難易等を規定することは明らかである。それと共にまた、検察、裁判または行刑の過程に於いて叩き込まれた人生教訓が、その後の彼等の生活態度を規定する重要なる因子となることも明瞭である。なお、また釈放者の場合ならば、受刑中に習得した技能と若干の作業賞与金も社会復帰の条件として役立てられ得べきものである。これを昭和十三年中の再入受刑者一六、五八五人についてみれば、（昭和十三年中の再入受刑者総数は一七、七〇二人なるも、その中にて出監後十年以上を経過したる一、一一七人については調査材料欠如せるを以てこれを除外する）前刑執行中習得したる技能は第九表の如く、前刑釈放時に所持したる作業賞与金の額は第十表の如くである。

九表　受刑中習得したる技能

裁縫工	八九二	鍛冶工	三八〇	綿工	一四
耕耘	四一三	煉瓦工	九	製材工	九
藁工	四二七	瓦工	三	木挽	二八
木工	一、〇一一	竹工	一四一	洗濯	一七〇
機織工	二、五二二	屋根葺	二	石工	四九

刺繍工	二八	経師工	三一	彫刻工	四
抄紙工	一九六	行嚢工	二六	伐木工	四
麻工	一、八六八	印刷工	六五一	莞筵工	一〇五
革工	二〇二	塗師工	一〇〇	紡績工	七九
左官	四二	草履工	二七〇	塗工	二二
土工	五八一	提灯工	四	石鹸工	六
燐寸工	一三一	紙細工	一、一六六	武道用具工	一六九
金物工	一三二	団扇工	二	昆布工	四
飾工	一	畳工	一三	漁撈	一八
鋳物工	三一	大工	一二四	採炭	一
貝細工	三	蓼稈工	三〇	牧畜夫	七
硝子工	一一	組紐工	一二三	刑務所傭夫	八八〇
搗工	六	刷毛工	一〇一	ナシ	二三
笠工	三	帽子工	一四		
メリヤス工	二、七九七	藁細工	二八		
網工	四七一	角細工	七	計	一六、五八五

第十表　釈放時の作業賞与金

	人数	百分比
全く所持せざりし者	二、〇三二	一二・三
十円以下を所持したる者	八、〇八五	四八・七

	人数	百分比
五十円以下〃	五、二七八	三一・八
百円以下〃	八五六	五・一
三百円以下〃	三〇〇	一・八
五百円以下〃	二四	〇・二
五百円以上〃	一〇	〇・一
計	一六、五八五	一〇〇・〇

なおついでながらこれらの釈放者が釈放の直後に於いて如何様に身のふり方をつけたかということは釈放時に於ける彼等の境遇を示すものであるが、第十一表はその状況の一班を示して居る。

第十一表　前刑釈放時の身のふり方

	人数	百分比
保護団体に収容された者	九一四	五・四
父母兄弟に引き渡された者	四、二一七	二六・六
その他の親族故旧に引き渡された者	二、四四六	一四・七
旧主人に引き渡された者	二二一	一・三
保護団体の観察保護に付された者	一、二五九	七・五
一時旅費被服その他の金品を与えられた者	五、九九〇	三五・四
何らの世話を受けなかった者	一、五三八	九・一

	人数	百分比
計	一六、五八五	一〇〇・〇

斯くの如き諸々の条件に支配されて社会復帰の門に立つとき、保護対象者は今後如何なる生活方法に依って社会復帰を為し遂げようと意思して居るのであるか。昭和十三年中に再入受刑者として刑務所に舞戻った一六、五八五人についてこれを調査した結果は、第十二表の如くなって居る。

第十二表　前刑釈放時に於いて予定したる生活方法

	人数	百分比
一定の職業に就く	四、八二五	二九・一
一定の商業を営む	一、二六八	七・六
行商を為す	八九七	五・四
農業を営む	一、八七二	一一・三
日稼その他労働をする	二、七一〇	一六・四
店員その他使用人になる	五一〇	三・一
家事手伝	一七三	一・〇
家事使用人	四二	〇・三
官吏その他俸給生活に入る	二〇九	一・三
その他	七六	〇・四
未　定	四、〇〇三	二四・一

	人数	百分比
計	一六、五八五	一〇〇・〇

第十三表　保護対象者の生活方法の推移［註・同表の明らかに誤植と思われる部分は修正した］

ヨコ・前刑時、タテ・今再入時	一定の職業	一定の商業	行商	農業	日稼その他労働	店員その他使用人	家事手伝	家事使用人	官吏その他俸給生活	父母兄弟の家	無宿浮浪	その他	計
一定の職業	2211	99	75	39	376	119		1	43		1838	24	4825
一定の商業	181	305	97	13	109	57		1	17		478	10	1268
行商	101	63	223	6	114	25	1		5	1	351	7	897
農業	228	63	32	340	373	48		7	17		858	6	1972
日稼その他労働	311	64	82	30	908	54	3	6	20		1216	16	2710
店員その他使用人	66	11	20	6	58	114			8		227		510
家事手伝	19	3	2		14	7	6	1	1		119	1	173
家事使用人	3				3	2		5			28		41
官吏その他俸給生活	20	10		2	11	10	1		44		111	1	210
その他	6	2	1	1	9	7			2		33	15	76
未　定	740	176	156	43	470	156	1	2	61		2153	45	4003
計	3886	796	688	480	2445	599	12	23	218	1	7412	125	16685

これを見て注目されることは、如何なる生活方法に依るか全く予定を有せざる者が、総数の二四%を超え、漠然と一定の職業に就くと称する者が三〇%に垂《なんな》んとして居ることである。他の者は多少はっきりした見透しを持っているようにも見えるのであるが、しかしその中には、予定とは謂うも確実なる見透しを欠く単なる決心覚悟に過ぎないものもあるであろうし、また決心とまでも行かぬ予想に過ぎないものもあるに違いない。すなわちこれらの釈放者は主観的に、または客観的に極めて不確実なる生活の予定を以て社会生活に入り込み、保護の対象者となって来るものが多いと謂わなければならぬ。そうでなくてその生活の設計が充分に確立されていたにしても、彼等が社会生活の中で置かれる特殊の不自由なる位置は、その充分に確立された生活設計をすら動揺せしめずには措かない場合が多いのである。彼等の最初の予定が如何に忽ちにして実現不能に陥り変更を余儀なくされるか、またその為めに遂に何らの生活方法をも持ち得ざるに至って浮浪無宿の境涯に陥る者が如何に多いかは、第十三表がこれを示して居る。（昭和十三年中の再入受刑者一六、五八五人についての調査）

また他の調査に依れば、受刑中に習得したる技能を、社会に於ける生活の手段として活用し得たものは、余り多くはないのである。

（五）特殊の社会的地位

このような保護対象者の生活の不安定は如何なる事情に基づくかを見れば、固より其処には種種の原因があり、例えば彼自身の能力の乏しさや意志の弱さというような個人的原因に基づく所も多いに違いないのであるが、それらの諸原因を増幅して保護対象者の生活をしていよいよ不安定ならしめる一つの重要な事情は、彼等が犯罪前歴者であるという事実に伴って生ずるところの彼等の特殊な社会的地位である。

いわゆる特殊な社会的地位の内容としては、第一に、保護対象者が犯罪前歴者として社会の冷視《れいし》、嫌忌《けんき》、侮蔑、非難、排斥の感情の裡に包囲されている事実を挙げなければならない。犯罪前歴者に対するこの社会的譴責《けんせき》は、必ずしも具体的な形態をとらないのであるが、常に無形の眼のように保護対象者を冷たく取り巻くのであって、彼が立ち上がろうとすれば忽ち前面に鉄壁のように立ち現れて前途を遮《さえぎ》り、遂に彼から光明も矜恃《きょうじ》も意力も奪い去る力を持って居るのである。保護対象者のこの世の中に於ける住み難さは、最も多くこの無形の社会的譴責から生じて居る。この犯罪前歴者に対する社会的譴責が、道徳的に如何なる意味を持ち、刑事政策的に如何なる価値を有するかは別問題であるが、このような譴責の感情に包囲されているという事実は、他に見られない保護対象者の社会的地位の本質的特徴をなして居るのである。

第二は、資格の制限である。犯罪前歴者は法律的にも社会的にも種々の場合に於いて資格を制限せられ、そうでない一般人との間に明確な差別を設けられて居る。それは法律的には選挙権に対する制限をはじめ無数の欠格条項となり、社会的には就職に於ける門戸の閉鎖となって現れて来る。先に挙げた社会的譴責が謂わば精神的方面の問題であるに対して、これはもっと具体的な生活上の問題として保護対象者の更生生活を直接に阻み塞《ふさ》ごうとするのである。

これに関連して看過することの出来ないことの一つは警察視察の問題である。保護対象者の劣悪なる社会的地位が、警察視察に依って一段と劣悪化されていることは既に久しい。既に大正十一年に於いて司法省は「一般ニ釈放者ノ視察方法ニ付テハ従来往々遺憾ノ点有之《これあり》、例へ《え》バ巡査ガ制服ニテ釈放者ノ所在訪問ヲ為シ又ハ他人ノ前ニ於テ刑余者タルヲ曝露《ばくろ》スルコトアリ、其ノ結果折角改悛正業ニ従事セルモノヲ自暴自棄ニ陥ラシムル事例アリ」「是等ノ者ノ社会同化ヲ阻碍スル」ものである。固より釈放者中には再び罪を犯す危険性ある者も存することであるから、「禁錮以上ノ受刑者ノ釈放ノ際ハ過去ノ経歴ト在監中ノ状況ニ鑑ミ将来視察ノ必要アリト認メタルモノニ付テハ」これを所在の警察官署に通知するが、その他の者については警察視察の必要を認められないから釈放時の通知を行わないこととし、而して警察官署の視察に対しては「従来ノ警察視察ノ方針ヲ改メ、本人ノ社会同化ヲ害セザル程度ニ於テ間接ニ視察ヲ為スハ格別、表面ヨリ前科者トシテ特別視察ヲ為サザル様」要望して居る。しかしながら実際に於いては今日なお、警察視察を含めての釈放者および猶予者に対する社会的冷遇乃至社会的譴責は、司法保護の対象者の特殊なる社会的地位を形づくり、この特殊なる社会的地位を有することが司法保護の対象者の根本的特質をなして居ることを否み難いのである。

第二節　保護の機関

釈放者保護および猶予者保護に於いて保護の当務者たるものは、前述の如く司法保護団体および司法保護委員である。検事局、裁判所、刑務所等が保護の関係機関として重要なる役割を持って居ることは、後に保護の手続きおよびその実際に関連して述べることとする。

一　司法保護団体

（一）司法保護団体の機能

司法保護団体は、先に述べたように司法保護事業を経営する者の総称であって、これを大別して、対象者に対し保護を為す事業を経営するところの直接保護団体と、斯かる事業に関して指導連絡または助成を為す事業を経営するところの指導助成団体との二種とする。保護の機関として此処に述べなければならないのは、謂うまでもなく直接保護団体についてである。

直接保護団体は、その目的とする保護対象者の種別に従って、猶予者保護団体、釈放者保護団体、少年保護団体および思想保護団体の四種に分類される。現在の状態に於いては、実情は未だこのように確然たる分化を遂げず、一個の釈放者保護団体にして同時に猶予者をも取扱い、更にまた思想犯の保護をも為すという状態にあるものが少なくないが、しかし司法保護事業法施行規則の趣旨として指示するところに従い漸次分化の傾向にある。殊に、猶予者の保護は従来殆ど釈放者保護団体の兼ね行うところであったが、近時独立専門の強力なる猶予者保護団体が各地に誕生し、司法保護事業に新しい生面を開拓しつつある。

司法保護団体に於いて行うべき保護の種類は、収容保護または一時保護である。司法保護事業法施行前に於いては、司法保護団体の保護活動について何らの規制もなく、観察保護のみを行うことを目的とする保護団体も多数存在したのであるが、その実績に鑑みて観察保護の充実を図る為め、司法保護事業法に於いては、観察保護を為さしむる為には特に司法保護委員を設置し、司法保護団体の活動力は専らこれを収容保護または一時保護のみに集注せしむる方針をとったのである。その結果、司法保護事業法の下に於ける司法保護団体は、その経営の形は依然として民有民営に属するにしても、その機能に於いては、国家の意思に従って直接の制約を与えられて保護という公務を遂行すべきところの、公共機関たる性格を多分に具うるに至ったのである。

(二) 組織

司法保護団体の中、指導助成団体の組織に関しては法規上規準が設けられて居るが（第六章第三節参照）、直接に保護に従事するところの直接保護団体の組織に関しては、格別の規定がない。現状を見ると、直接保護団体はその多くは篤志家の経営に属する。これを分類すれば、一人の経営に属するもの、多数人の共同経営に係るもの、法人の経営に係るもの、寺院の附属事業たるものなど、種々である。一人の篤志家の個人事業として発達したものにあってはその事業は一定の組織を有せず、単にその個人の慈悲同情の心の発露するままに非計画的に行われるということになり易い。多数の篤志家の共同事業として経営される直接保護団体の中には、一地区内に於ける宗教家を構成員とする会員組織の団体や、数人の有力者の出捐《しゅつえん》または協力組織に依る団体が多い。いずれも多数人の合意を基礎として組織せられるのであるが、その合意の形式或いは緊密度は一様でない。法人として恒久的な組織を有するものもあり、然らざるものもある。法人ならざる団体に於いては、組織に固定性を欠き何となく脆弱の感を伴うものが少なくない。これらの団体は、固定せざるが故に伸縮自在であり、従って運営上の弾力性に富むという長所も持ち得るわけであるが、事実に於いては、事業運営の主体として基礎不確実の感を免れぬものが多い。従って事業の恒久性に於いて欠くるの虞あることを免れず、場合に依って活動の強力性に於いて期待に副い得ざる憾《かん》を生ずることもある。故に、近時司法保護事業が任意的行為から公共事務への質的転換を遂げんとし、これに従って保護団体の機能もまたその公的性質に於いてのみ是認せられんとするに至って、その機能の強力化、恒久化、公共化の方法として、これを法人組織となすべしとする主張が力強く唱道せらるるに至った。司法保護事業法の施行に際しても、斯くの如き主張は当然に斟酌《しんしゃく》せられたのであるが、同法はその根本方針として既存の保護勢力を些《わず》かにても削減せざることを念慮する立場から、既存の司法保護事業経営者については、その組織の如何を問わず、一応悉くその司法保護団体としての存続を認めたのである（司法保護事業法附則第二項同施行規則八七条、一〇条）。従って、同法関係の法規に於いては、司法保護団体、特に直接保護団体の法人化を要請する如何なる明文も存しないのであるが、理論上から謂えば法人組織への改編その他の方法に依って保護活動の恒久性、強力性並びに公共性を確保することが望ましいのである。

（三）設備

直接保護団体は、なるべく収容保護の施設を設けなければならない（司法保護事業法施行規則（以下「規則」と称す）第十六条）。蓋し直接保護団体は、本来収容保護または一時保護を為すべきものとされているのであるが、将来の保護機構を睨《にら》み合わせて考えるならば、収容保護の機能なくして単に一時保護の機能だけを有する保護団体というものは過渡的変則的なものであって、将来に於いてはその存在の意義を失うに至る場合が多いと思われるからである。

収容保護の施設は、男子を収容する施設と女子を収容する施設とを成るべく区別して設置すべきは勿論（規則第十七条）、保護の適正を期するならば初犯者を収容する施設を再犯者収容施設から分離して設置すべきは当然であり（規則第十八条）、一歩を進めて言えば、身体虚弱者、精神薄弱者、性格異常者その他特殊の者の保護を目的とする施設、並びに老齢者、聾唖者等を収容する施設は、これを一般の収容保護施設から分離して特別の設備を為すべきものと謂わねばならない（規則第二十一条参照）。

収容施設の位置は、環境の状態が保護上適当であることと共に、関係官庁との距離および交通状態について特別の難点なきことを要する。

収容保護の施設に於いて、精神教化の為めの施設が不可欠のものであることは、保護の本質に照らし明らかなるところである。礼拝場、講話場等に関して充分の考慮が払わるべきは勿論、娯楽慰安の設備もこの意味に於いて考慮せられることを要し、環境の状態もまたこの意味から充分に吟味せられなければならない。

精神教化の諸設備に次いで重要なるものは、授産乃至作業技術訓練の設備である。これが対象者の社会復帰の準備上肝要であることは言を俟たないところである。その規模、種類、構造、位置等に関しては、対象の特質、土地の状況等に鑑み種々なるを要するであろう。

収容保護の施設にあってはまた保健衛生および災害予防の為め必要なる設備を為すことが必要である（規則第十九条）。その程度方式については法規に明文はないが、少なくとも工場附属寄宿舎規則、工場危害予防および衛生規則等の諸規定の指示する所に準拠して為すことを要するものと解すべきである。身体虚弱者、精神薄弱者その他特殊の者の保護を目的とする特殊司法保護団体に於いて、医療および監護の為め必要なる設備を為すべきことはこれまた当然である（規則第二十一条）。医療の施設は、斯くの如き特殊保護施設ならざるものに於いても、何らかの規模に於いてこれを具備すべきものである。

司法保護団体は、（一）日誌、（二）保護原簿、（三）会計簿、（四）収容者名簿、（五）保管金品台帳を必ず備え付けなければならない（規則第七十九条）。

（四）経営

（イ）経費および資源

司法保護団体が収容保護および一時保護を行うについては、評価を絶する精神的労苦と共に、少なからざる経費を要する。収容保護の為めに宿泊所、修養室等の恒久的設備、寝具、卓子、教化用図書等の備付を要するは勿論、作業の設備を為すに於いては器具機械、動力等の施設を必要とし、各個の被保護者に対する食事の給与、時衣の給貸与、小遣銭の給与、その他、各人の具体的事情に応じて種々雑多な費用の支出を必要とするのである。而してこれらの保護行為の遂行の為めに、保護当務者の旅費、事務費、その他の諸費用の入用なこともまた明白である。今試みに、一の直接保護団体に於ける経常費として予想せらるる費用の科目を挙ぐれば次の如くである。

①給養費（本人に直接給与すべき必需金品に関する費用）

（イ）帰住旅費

（ロ）食費

（ハ）被服費、寝具費、雑品費

（ニ）医療衛生費、助産埋葬費

（ホ）小遣銭支給費

②教化費

（イ）看護用書籍、新聞、雑誌、並びにラジオ蓄音器等

（ロ）教化行事費——修養会、座談会、旅行会等

③ 作業費

(イ) 設備費――器具機械、動力等

(ロ) 作業素品費、運搬費

(ハ) 技術指導費、傭人費

(ニ) 作業手当

(ホ) 雑費

④ 生業助成費

(イ) 生業資金および器具資料の給貸与

(ロ) 就職旅費給与、開業助成

⑤ 家族旅費

⑥ 輔導費（被保護者の為にする各種輔導方法の実施に関し職員が必要とする費用）

(イ) 交通費――釈放時の引取、同伴、保護者に引渡、家庭訪問、職場訪問、就職斡旋、官公署連絡等

(ロ) 通信費

(ハ) 融和調停費――親族、近隣、被害者等の融和斡旋、結婚媒介、復学斡旋等に要する交通費以外の費用

⑦ 事務費

　俸給、手当、旅費、会議費、事務用品代、通信運搬費、営繕費、借地および借家料、保険料、諸税、諸雑費

⑧ その他（保護思想の普及宣伝、調査研究、附設事業の経営等に要する費用）

直接保護団体が克くこれらの負担に堪えてその本来の機能を遂行してゆく為めには、充分鞏固な経営の基礎を有す

ることが必要である。完備せる物的諸設備と充分なる資産を有し、出来得べくんば物心両面の支持者たるべき会員を擁し、更に周囲には随時必要なる財的援助を与え得べき多数の協力者を有することが望ましいのである。現存司法保護団体の資産状態を概観すれば、昭和十二年に於ける全国司法保護団体の資産額は九、七二五、三九九円、昭和十三年七月に於けるその建物棟数七〇九、敷地総坪数四一〇、九三一・〇二坪であった。

各直接保護団体に於ける右の如き保護経費は、通例、資産収入、政府の奨励金、各種助成金、寄附金、会員組織の団体にあっては、更に会員の逐次出捐等を以て賄《まかな》われて居る。なお、予算の中には入らぬが、優良団体に於いては御下賜金拝戴の光栄に浴することしばしばである。

司法保護団体に於ける寄附金の募集は、或いは基金拡充の為めに、または経費補塡の意味を以て行われて居る。司法保護団体の事業の公共的性質に照らせば、司法保護団体がその経費を社会の寄附を仰ぐことは当然のことである。これに対し政府は、後に述ぶる如く司法保護事業全般の健全なる発達を期する監督の立場からして、一定の規制を加うることとして居る。従って司法保護団体は、寄附金を募集せんとする場合には、(一)募集者の氏名および住所、(二)募集を必要とする事由、(三)募集すべき金額、(四)募集の方法、(五)募集の区域および期間、(六)事業成績の概要並びにその年度および前年度の収支状況、(七)事業計画およびこれに関する収支予算を具えて事業経営地の地方長官の許可を受けなければならぬ。但しその事業経営地が二以上の道府県に亙るときには地方長官でなく司法大臣の許可を受くることを要する(規則第七十五条)。寄附金の募集を完了し、もしくはこれを中止し、または募集期間を満了した場合には募集許可官庁に対して遅滞なくその旨の報告を為すを要し(規則第七十六条)、その寄附金または寄附金に依って得たる財産の処分を為さんとするときには(一)処分すべき金額または財産およびその見積価格(二)処分を必要とする理由(三)処分の方法を具して募集許可官庁の許可を受けなければならぬ(規則第七十七条)。

司法保護団体は政府の奨励金の交付を受けんとするときには、(一)申請の事由(二)奨励金の交付を受けんとする年度の事業計画並びにこれに関する収支予算（三）事業成績の概要並びにその年度および前年度の収支状況を添えてその旨を司法大臣に申請しなければならぬ（規則第八十一条）。

司法保護団体の経営の基礎を強化する方法としては、（イ）各個の司法保護団体の基金を拡充すると共に（ロ）経営の合理化を図るべきことは勿論であるが、それと同時に（ハ）保護費補給制度および補助金制度の確立が必要である。この最後の保護費補給および補助金の制度は、前二者の方策の成否に拘らず、司法保護団体の事業の公共的性費に鑑みるならば当然取り急ぎ実現されなければならない事柄に属する。

（ロ）事務の組織――司法保護団体の事務の組織は、種々様々である。司法保護事業法施行前に於いては、宗教家の会員組織に依る保護団体の多くは専ら観察保護（当時これを間接保護と称した）を為すことを目的とし、その観察保護の実務は会員たる各宗僧侶が各自その居住の町村または檀徒《だんと》について行うを常とし、専任の職員を有するものは稀であった。収容の施設を有して収容保護を為すものに於いても、多数の職員を有するものは極めて少なく、多くは、ただ一人の保護主任が、収容保護中の者に対する指導誘掖《ゆうえき》は言うに及ばず、収容保護解除者に対するいわゆる間接保護から、資金の調達、庶務会計までを鞅掌《おうしょう》するという状態であった。司法保護事業法の下に於いても、直接保護団体はその目的たる収容保護または一時保護を為すに必要なる職員を有すれば足りるのであって、その人的構成につき何ら法規上の拘束は存しない。ただ設立認可の要申請事項として、事務処理の方針、特に職員の事務分担予定を詳細表示するを要するのみである。従って、小規模の保護団体に於いては一人の職員の人格的感化を中核としてその事務を組織することも好いことに違いないが、しかし相当規模の保護団体であるならば、その事務の組織は訓育、職業指導、医療、庶務等の各部門に亙ってそれぞれ専門の職員を置いて保護能率の向上を図るべきである。少なくとも、保護的教化的事務と経営的庶務的事務との分化分掌は、司法保護団体の経営改善上の急務である。

（ハ）報告――司法保護団体はその事業の成績および会計の状況を毎年司法大臣に報告しなければならない（規則

第七十八条)。

(五) 司法保護団体の設立、変更および廃止

(本項に於いて述ぶるところは、単に猶予者保護団体または釈放者保護団体の設立、変更および廃止に限らず、凡ての司法保護団体の設立変更および廃止に関するものである。)

司法保護団体の設立には司法大臣の認可を要する。その認可を受けんとするときは左に列記する事項を具してこれを申請しなければならぬ(規則第二十八条)。

一 名称

二 事務所

三 事業の種類

(一) 施行規則第十四条の規定に依る区別(直接保護団体なるか指導助成団体なるかの区別を明らかにすること)

(二) 施行規則第十五条の規定に依る区別(猶予者保護団体、釈放者保護団体、少年保護団体または思想保護団体の種別を記すこと、なお対象者につき男女の別、初犯累犯の別、その他の区別を為す団体にありてはその区別をも記すこと)

四 設立者の氏名および住所

五　経営の方法
（一）組織（法人、組合、個人経営等の別を記すこと）
（二）資産（当該保護団体の経営に充つる財産の種類、所在および価額を記すこと）
（三）初年度収支予算（初年度歳入歳出予算書を以てこれを示すこと、予算は経常部および臨時部に分かち、寄附金、助成金、補助金等に依る収入については、これが交付を為すべき見込みある者の氏名および見込み金額を記すこと）
（四）事務処理の方針（特に事務を直接に担当する者の事務分担予定を詳細表示すること）

六　保護の種類および方法
（一）保護の種類（収容保護または一時保護の別を記し、両者を併せ行うときは両者を併記すること）
（二）保護の方法（イ、教養その他性格陶冶の具体的方法を記し、収容保護にありては特に収容者に為さしむべき日常生活の大要を明らかにすること、ロ、授産の場所、種目、訓練方法等を明らかにすること、ハ、医療その他の保護方法を講ずる場合に於いてはその方法をも記すこと）
（三）保護規則（被保護者取扱規則、処遇内規の類を定めたるときは、これを附記または添附すること）

七　建物その他設備の規模および構造（左記の土地建物につき詳記し、なおその周りの状況並びにその各部分の使用目的を示す平面図を添附すること。建物その他の設備にして将来これを建設するものなるときはその計画を記載すること）
（一）事務所（坪数、室数および各室の利用方法を明らかにすること）
（二）収容設備（その有無、場所、構造、坪数、竣工年月（未だ竣工せざるときは「未竣工」とし、且つその着工年月日および竣工予定日を記すこと）、収容定員、環境の状態、関係官庁との距離および交通状態）

（三）作業設備（場所、構造、坪数、設置年月（設置予定あるときはその予定年月）、設備の概要）
（四）医療その他の設備（医療または娯楽および監護その他の種類、位置、坪数および設備の概要を記載すること）
八　主として経営の実務に当たる者の氏名、住所および経歴
九　設立者の履歴および資産状況
十　寄附行為、定款《ていかん》その他の基本約款《やっかん》

なお、右の外、備考として設立の目的および事情、役職員名簿、その他参考となるべき事項あるときは成るべくこれを詳記するを相当とする。

司法保護団体に於いて支部を設置せんとするときには、これを設置せんとする司法保護団体はその支部につき前記事項を具して司法大臣の認可を申請せねばならぬ。

右の設立認可申請は所轄の監督官庁および控訴院検事長を経由して差し出さねばならぬ。此処に謂う所轄の監督官庁とは、検事長の委任を受けて当該地区に於ける当該種類の司法保護団体の監督を為す官庁を謂うのであって、具体的には検事正、検事、少年審判所長、保護観察所長または刑務所長を指すのである。司法保護団体の支部設立の認可申請はその支部を置かんとする地区を管轄する当該監督官庁および検事長を経由することを要する。次に法人たる司法保護団体の設立の認可申請は、右の如く監督官庁および検事長を経由するの外、これと別に、主たる事務所所在地の地方長官を経由してこれを為さねばならない（規則八三、八四条、なお昭和十四年十月二十四日司法省第一八〇四三号参照）。

司法保護団体に於いて前記認可申請事項の第一号乃至第八号の内容を変更せんとするときは、その理由を具して司法大臣の認可を受くるを要し（註一）、また司法保護団体を廃止せんとするときには、その事由および現に保護中の者

に関する処置並びに財産の処分方法を具して司法大臣の認可を受くるを要する。その申請は、変更および廃止の実行に先立ち行うべきことは謂うまでもない。その経由せしむべき官庁については、認可申請の場合と同様である。

（註一）内容変更に関する認可申請は、前記設立認可申請事項の第九号（設立者の履歴および資産状況）および第十号（寄附行為定款その他の基本約款）については、その必要を認められて居ない。その事情は、第九号については実益なきに依るのであり、第十号については、（イ）民法第三十四条の規定に依り設立を許可せられたる法人の寄附行為および定款の変更については、主務官庁の認可を必要とし、明治三十三年八月司法省令第三十二号に依り手続きを為すを要するのみならず、（ロ）寄附その他の基本約款行為定款中保護の実質に影響ある事項の変更は当然に右の第一号乃至第八号に掲ぐる事項の変更として現れるから、これを省略するも差し支えなきに由るのである。

二　司法保護委員

（一）沿革

司法保護委員の制度は、司法保護事業法第一条に掲ぐる者、すなわち起訴猶予者、刑執行猶予者、刑執行停止者、刑執行免除者、仮釈放者、刑執行終了者および少年等の保護を為さしむる為め、司法保護事業法に基づいて設置された制度であって（事業法第十条）、これに関する規程は司法保護委員令（昭和十四年九月勅令六四四号）を以て定められ、更に詳細なる規程は司法保護事業法施行規則および司法保護委員執務規範（昭和十四年九月司法省訓令第二号、以下

「規範」と略記）に依って与えられて居る。

司法保護委員制度は、斯くして昭和十四年九月十四日より実施を見て居るのであるが、本制度の成立を見ると、その実施よりおよそ一年前、すなわち昭和十三年九月より司法省保護課の別働機関たる全日本司法保護事業連盟に依って試験的に施行されて居ったものを、殆どそのまま法制化したものである。従って現行司法保護委員制度の先蹤は右の全日本司法保護事業連盟の創始にかかる司法保護委員制度にあると謂わなければならない。

しかしながら、司法保護委員制度の淵源は、実は遠く徳川時代に於ける五人組制度にまで遡らなければならないのである。五人組制度は、「一、在々所々悪党無之《これなき》様、郷切に申合、常々可相改之《これあいあらたむるべし》、若《もし》不《ふ》届成者有之《とどきなるものこれある》は、穿鑿《せんさく》之上五人組は不及申《およびもうさず》、依《よって》其品一郷之者可レ為二曲事一《くせごとたるべき》事」（寛永十四年郷中御条目）とある如く、本来犯罪の予防鎮圧を目的として発達したものであって、現在の司法保護委員制度が、郷党相扶の力を以て虞犯者《ぐはんしゃ》の保護を図り再犯の防遏に資せんとするその精神と原初的形態は、この五人組制度の中にこれを発見することが出来るのである。この五人組の精神と形態を採って、司法保護事業の一組織を構成したものの最初は、大正二年の福井県下に於ける保護委員制度の実施であった。

大正元年九月、明治天皇御大葬に際し大赦の恩命があり、全国の保護事業関係者は深く感激して、恩赦に浴して釈放せられた者の保護指導に万全を期したのであったが、福井地方裁判所検事正唐渡房次郎《からわたりふさじろう》氏は、福井県下に於ける保護の機構の整備に深く思いを繞《めぐ》らした結果、当時同県下には多数の小さな保護団体が散在し、何らこれを連絡統制する機関もなく保護の実績も期待に反するものがあったので、これら群小保護団体を整理統合して新たに福井県福田会を創設し、県下各地にその支部を設け、各支部に多数の保護委員を配置して、それぞれの地域に於ける釈放者の観察保護に当たらしむることとしたのである。

右の福井県福田会に於ける保護委員制度の実施は大正二年であって、これは大正六年岡山県に於いて済世《さいせい》顧問《こもん》の名称に依って創設された方面委員制度に比較すると、その歴史に於いて数年を先んじて居たのである。その後に於いて方面委員制度は急速なる発達を遂げたのに反し、司法保護委員制度は種々の原因により、殊に一般世人の応報主義思想の影響に依り、司法保護事業に対する理解と同情を得ること困難なる為め、その後の発達は遅々として進まないものがあった。しかしその間にも、司法保護事業に対する社会の協力の組織形態としての保護委員制度の重要性は、ようやく識者の認識を得るに至り、各地に於いてこれに関する研究が進められ、大正十四年三月には愛知自啓会《じけいかい》に於いて愛知県下にこれを実施し、大正十五年には三重県保護会および函館助成会に於いても同様これを実施したのである。更に昭和に入っては、同様の制度は青森県慈晃会《じこうかい》、石川更新会、函館和光会、埼玉自彊会《じきょうかい》、釧路慈徳会《じとくかい》、岐阜県保護会、富山養得園《ようとくえん》、玖珂郡《くがぐん》修道義会（山口県）、北海道授産場（札幌）、網走慈恵院、神奈川県連合保護会、群馬県仏教連合保護会、静岡県連合保護会に於いて次々と実施せられ、また大阪京都両府下に於いては日本少年保護協会大阪支部および京都支部に於いて少年保護委員の制度を実施したのであった。斯くの如くして保護委員の制度は相当の速度を以て全国各地に普及し、いずれもかなりの実績を収むると共に、他面に於いてはこれに関する研究討議が機会ある毎に熱心に展開され、その結果、司法保護事業の推進上に於ける観察保護の重要性に鑑み、本制度を鞏固なる基礎の上に全国に実施することが、喫緊の施策として要請されるに至った。すなわち、昭和十二年五月東京に於いて開催された全日本司法保護事業大会は「現下ノ情勢ニ鑑ミ司法保護事業ノ整備拡充ヲ図ルベキ具体的方策如何」という司法省の諮問《しもん》に対する答申に於いて、「一般犯人ニ対スル保護観察制度ヲ速ニ実施スルコト」を第一に記し、その方法として「司法保護委員制度ヲ実施スルコト」を要望したのである。同年八月同大会の要望に従って生誕した全日本司法保護事業連盟は、右の如き情勢に即応して司法保護委員制度の全国的実施を企図し、司法保護委員制度調査委員会を設置して調査研究を尽し、昭和十三年九月を以てこれを全国に実施し、同連盟会長の名を以てまず約一万四千の篤志家に司法保護委員を委嘱したのである。本制度は、従来各地に於ける保護委員が、これを委嘱せる各保護団体との間に緊密なる連絡を欠き、或いは名目上のみにとどまって実際の保護活動に不充分の憾《うら》みがあったの対し、鞏固なる基礎の上に立ってその保護活動を中央に統一せられる点に於いて、重要なる差異を示した。昭和十四年九月十四日より実施された現行司法保護委員制度は、先に述べたように、右の全日本司法保護事業連盟の私設に係る司法保護委員制度を、殆どそのままに踏襲したものであり、全日本連盟に於いて委嘱した司法保護委員は全部、新制度の下に於ける司法保護委員制度として司法大臣の任命を受けた。

（二）司法保護委員の資格

（イ）法律上の地位――司法保護委員は司法大臣の選任並びに解任にかかるところの公務員であって（司法保護委員令（以下委員令と略記）第三条）、司法大臣の監督を承《う》け（委員令第一条前段）、司法大臣の定むる保護区に配属せられて（委員令第四条）、司法保護事業法第一条に掲ぐる者の保護を行う（委員令第一条後段）。任期については別段の規定なく、待遇は名誉職である。

（ロ）人格および社会的地位――司法保護委員は、本人を輔導援護して常に忠良なる臣民の道を践ましむることをその職務とするものであるから、司法保護委員たるものは団体の本義に徹した人格高潔の士にして社会的信望を有し、且つ相当の生活を営むものであることを必須の条件とせなければならない。各司法保護委員は、司法大臣の任免にかかるところの公務員ではあるが、本制度の真の意義は、全国各市町村に於いて各個の司法保護委員がそれぞれに各地域居住民を代表して郷党の保護事務を担当し、各委員はそれぞれその担当地域に於ける保護精神の扶植者《ふしょくしゃ》となり組織者となり執行者となり、斯くして以て、全国いずれの地区社会といえども保護の精神を忘れず保護の機能を発揮するところの体制を確立することに存するのであるから、従って司法保護委員たるものは何よりもその居住の地区に於いて、斯くの如き機能を遂行し得るに足る地位と信望と力量とを有することが必要である。従ってその銓衡に当たっては、性格、経歴、職業、社会的地位および信用、家族の状況、資産の状態、司法保護事業に対する態度、健康状態等について考慮せらるべきは勿論、その地域的分布ということが必ず重要視せられなければならないのである。現在に於いては、少なくとも一町村に一人以上の司法保護委員を配置する方針の下に、その意味に於ける適任者が銓衡されて居るのである。

(三)司法保護委員の組織

(イ)保護区

司法保護委員は、その銓衡については右の如く、概して各町村を単位としてその中に於いて適任者を求めこれに司法保護委員を任命するのであり、その機能について見ても、実際上は各司法保護委員は町村等の地域的生活団体の保護機関たるの一面を有するのであるが、他面に於いて、司法保護委員の事務についてはこれが連絡統制を図るの必要があり、また司法保護委員の指導訓練を為すの必要があることも勿論であって、これが為めには司法保護委員の組織を構成し系統を設くるの必要がある。その為めに司法保護委員制度に於いては特に保護区というものを定め、各司法保護委員はこれを保護区に配属することになって居る(委員令第四条、規則第三十一条第一項)。

保護区および各保護区に配置すべき司法保護委員の定数は司法大臣が定める(規則第三十一条第二項)。司法大臣は各地方裁判所管内毎に、行政区画或いは警察署管轄区域または区裁判所管轄区域等適宜の区分に従って数箇の保護区を設定し、各保護区の保有する行政区画の多少或いは土地の広狭その他の事情を参酌《さんしゃく》して、その保護区に配置すべき司法保護委員の定数を定めるのである。現在の保護区の数およびこれに配属せられたる司法保護委員定数（各地方裁判所管内毎に合計）は、左表の如くであるが、保護対象者の数から見るも、なお増員を必要とする実情にある。

全国保護区数および配属司法保護委員定数（昭和十五年十二月一日現在）

	保護区数	委員定数		保護区数	委員定数		保護区数	委員定数
東京	四〇	二、〇〇〇	徳島	一三	三〇〇	福岡	二四	六〇〇
神奈川	三〇	七〇〇	香川	一七	二〇〇	大分	一三	二五〇
埼玉	二七	三五〇	高知	一五	三〇〇	熊本	三〇	四〇〇
千葉	一七	三五〇	愛知	三四	一、〇〇〇	鹿児島	一二	二五〇
茨城	二六	五〇〇	三重	二八	四二〇	宮崎	九	二〇〇
栃木	一七	三〇〇	岐阜	二一	四二〇	沖縄	四	六〇
群馬	一九	三五〇	福井	一五	三七〇	宮城	二〇	四〇〇
静岡	二五	四五〇	石川	一六	三五〇	福島	二〇	四〇〇
山梨	一四	二〇〇	富山	一〇	五七〇	山形	九	二〇〇
長野	一八	四〇〇	広島	三六	七五〇	岩手	一七	二五〇
新潟	二三	五二〇	山口	二八	三〇〇	秋田	九	二五〇
京都	二六	六〇〇	岡山	二一	六〇〇	青森	二〇	二五〇
大阪	二二	一、八〇〇	鳥取	一二	二〇〇	札幌	一八	三〇〇
兵庫	三六	八〇〇	島根	一九	二五〇	函館	九	一五〇
奈良	一一	三〇〇	愛媛	一七	三〇〇	旭川	一五	二〇〇
滋賀	一四	二五〇	長崎	一二	三〇〇	釧路	一二	二〇〇
和歌山	一九	二五〇	佐賀	六	二〇〇	樺太	一二	一〇〇

	保護区数	委員定数		保護区数	委員定数	保護区数	委員定数
合計	保護区数：九五七				委員定数：二一、四一〇		

（ロ）区司法保護委員会

各保護区に配属せしめられた司法保護委員は、その全員を以て区司法保護委員会を組織しなければならない（規則三十二条）。区司法保護委員会には常務委員、幹事および参事を置くことを得る。会長を置かない。常務委員は必ず置くことを要するもので、司法保護委員の中から司法大臣がこれを命ずるのである。常務委員はその名の如く区司法保護委員会の常務を処理する為めに置かれるものであって、一保護区一名を原則とするが、保護区の広大その他の事情に依り二名以上を置くことも差し支えない（規則三十三条）。区司法保護委員会には、別に幹事および参事を置くことが出来る。幹事は常務委員を補佐して会務を処理するもので、司法保護委員の中から司法保護委員会長が任命する。定員はない。参事は区司法保護委員会の重要なる事務に参画して会務の円満なる遂行に寄与すべきもので、司法保護事業に関係ある官吏および学識経験ある者の中から司法大臣がこれを委嘱する（規則三十四条三十五条）。現在参事として委嘱してある人々の中には、警察署長、町村長等が多数である。

区司法保護委員会設置の意味はすなわち保護区設置の理由と同じであって、前述の如く、司法保護委員事務の連絡、統制並びに司法保護委員の指導訓練の機関たらしむるにある。而してその連絡、統制並びに指導訓練を受働的でなく司法保護委員に於いて自治的自律的に行わんとするところにその特色を存するのである。この趣旨からして、施行規則は区司法保護委員会の任務を定めて、（一）司法保護委員の担任区域の決定およびその変更、（二）保護を担当すべき司法保護委員の決定およびその変更、（三）保護の解除、（四）司法保護委員相互の連絡、（五）その他観察保護の目的を達する為め必要なる事項を為すべきものとして居る（規則三十六条）。司法保護委員をして観察保護の目的を達成せしむるため、その連絡統制並びに指導訓練に関して為さるべき事項は、すこぶる多岐に亙るのであるから、右に掲げられた項目の如きは司法保護委員会に課せられた任務の最小限を示すものと見るべきであろう。而して右の各項の中、司法保護委員の担任区域を決定し、およびこれを変更するの件は、区司法保護委員会の会議に於いてこれを為すことを要する。その他の事項は原則的に常務委員に於いて処理し、常務委員に於いて特に必要ありと認むる事項についてはこれを会議に於いて決定しなければならない。会議の招集は常務委員の任務である（規則三十七条）。

区司法保護委員会の運営は、右の如く原則として自律的に行われるのであるが、しかしながらその運営せらるる事務の内容については、上部機構たる司法保護委員会を通じて国家の意思につながるを要すること勿論である。従って、区司法保護委員会に於いて為すべき比較的重要なる事項の企画並びに処理については、常務委員は司法保護委員会の意思を承けてこれを為すことが当然であろう。区司法保護委員会の会議に於いて決定したる事項はこれをその都度、区司法保護委員会の事業成績および会計状態はこれを毎年、司法保護委員会に報告することを要する（規則三十九条、四十条）。なお司法保護委員から司法保護委員会に提出すべき諸報告は、原則としてすべて区司法保護委員会を経由してこれを為すことになって居る。

（四）司法保護委員会

各地方裁判所管轄区域毎に司法保護委員会が置かれる。司法保護委員会は、その地方裁判所管内に於ける司法保護委員事業の運営を掌る機関であって、管内全部の司法保護委員を以て構成されるのではなく、会長一人と特に任命されたる委員若干人を以て構成されるのである。その会長は、当該地方裁判所検事局の検事正の職に在る者を以て充て、委員(司法保護委員会委員)は、管内の保護区に属する司法保護委員の中から特に司法大臣が任命する(委員令第五条)。この委員は、実際上は大体に於いて各保護区の常務委員たる者をこれに任ずる建前になって居る。次に、司法保護委員会には、その重要なる事務に参画せしむる為め参与を置くことが出来、またその庶務に当たらしむる為め、主事および書記を置くことが出来る。参与は司法保護事業に関係ある官吏および学識ある者の中から司法大臣が委嘱し、主事および書記は会長がこれを任命する（規則第四十二条および第四十三条)。司法保護委員会は、後にも述ぶるごとく司法保護委員制度に於ける中枢機関であるに鑑み、その機構が、司法保護に関する国家意思とこれに対する国民社会の協力との結合点として構成されて居ることは、注目すべき特色と謂わなければならない。

司法保護委員会の任務は、司法保護委員令に依れば、司法保護委員の指導および訓練その他司法保護委員の職務の遂行に関し必要なる事項を処理するにある（委員令第六条)。その事務の内容は事業法施行規則の分類に従えば、(一)保護通知の処理、(二)司法保護委員の指導訓練、(三)区司法保護委員会の連絡、(四)司法保護思想の普及宣伝、(五)その他司法保護委員事業の運営の為に必要なる事項に亙る（規則第四十四条）のであって、これを約言すれば、管内に於ける司法保護委員事業の運営に関する事務の全般が司法保護委員会の任務に属するのである。管内に於ける司法保護委員の保護事務は、すべて此処に統合せらるるのみならず、司法保護委員事業の発展に関する諸般の企画並びにその遂行の責任も、すべて此処に集まるのであるから、司法保護委員会は司法保護委員制度に於ける中枢機関を為すものと謂わなければならない。

司法保護委員会の会務は、会長これを総理し、会長事故あるときは、会長の指名する委員に於いてその職務を代理する（規則第四十一条）のであるが、前記の事務の内、(イ) 司法保護委員の指導訓練並びに(ロ) 区司法保護委員会の連絡に関する事項および(ハ) その他会長に於いて必要と認めた事項は、司法保護委員会の会議に付して決定しなければならない（規則第四十五条)。会議は会長に於いて必要と認めた際にこれを招集すべきものである（規則第四十六条)。

司法保護委員会の会議に於いて決定したる事項はその都度、また委員会の事業成績および会計状況は毎年、これを司法大臣に報告しなければならない(規則第四十七条第四十八条)。

(五) 司法保護委員事務局

司法保護委員の指導に関する事務を掌る機関として、昭和十五年十一月三十日を以て司法保護委員事務局が設置された。司法保護委員の職務はその対象者の員数並びにその素質、性格、境遇等に照らし極めて困難を伴うものであるのみならず、その保護の手続きもまた複雑多岐であるから、その活動の適正を得て制度の実効を収めるためには、一面に於いて平素司法保護委員の指導訓練を為すと共に、他面に於いては、司法保護委員制度に関係ある諸官庁、例えば検事局、裁判所、刑務所、少年審判所、保護観察所等、および諸社会施設等との緊密なる連絡を図る必要がある。従って、各地方裁判所管内に於ける司法保護委員制度の運営を掌るところの司法保護委員会に、司法保護委員の指導訓練並びに関係官庁等との連絡に専従する専門の技術職員を置くことが必要であるが、国家財政の現況に鑑み、その実現が出来ない為め、差し当たり枢要の地たる控訴院所在地(例外あり)に司法保護委員事務局を設置して、その事務に当たらしめることとなったのである。

司法保護委員事務局は司法大臣の管理に属し、司法保護委員の指導に関する事務を掌る。局長、保護官、保護官補および書記を置き、局長は司法大臣の指揮監督を承けて局務を掌理し、所部の職員を指揮監督する。保護官は局務を掌り、保護官補は局務に従事し、書記は庶務に従事する。現在司法保護委員事務局の所在地は東京、大阪、名古屋、広島、福岡、仙台および札幌である。

第三節　保護の手続き

一　保護の要否および保護の種類の決定

(一) 保護の要否の決定

既に述べたように起訴猶予者、刑執行猶予者、刑執行停止者、刑執行免除者、仮出獄者または刑執行終了者等は、すべて一応司法保護事業に於ける保護の対象として観念せられるのであるが、これらの者の中には、事実上保護を必要としない者があり、また保護に適当しない者もある。改悛の程度、心身の状況、生活能力、境遇、社会的地位等から見て再犯の危険絶無と認めらるる者はこれに保護を加うる必要はない。また、現在に於いて改悛の情なく将来改悛の見込みもない者は、保護を加えてもその効果を期待することが出来ないのみならず、これに保護を加うることは刑政の道義的使命にも背くことであるから、これらの者は保護適格性を持たぬ者と見なければならぬ。従って保護の手続きに於いてはまず具体的個人につき保護を為すの要ありや否やを決定することを要する。而してこの保護の要否の決定については、本人の改悛の程度、心身の状況、生活能力、社会的地位および境遇を参酌することを要する（規則四条)。

(二) 保護の種類の決定

保護を必要とする者に対し如何なる種類の保護を与うべきかは、本人の状況、環境等に依って定まることである。例えば、帰住地を有し帰住地に復帰せしむるを適当とするも、差し当たり帰住の旅費を有せざる為めに独力帰住を為し得ずと認められ、更に帰住の後に於いて親戚縁故者の保護関係やや不充分なりと思料せらるる者については、一時保護と観察保護とを併せ行うのが相当であり、帰住地を有せず、しかも一定期間継続して独立の準備を為さしむることを適当とする者に対しては収容保護を与うることを相当とする如くである。保護の種類を定むるに当たっては、一方に於いて改悛の程度、心身の状況、生活能力、帰住地、所持金品および保護関係等を考慮し、他方に於いて各種の保護が本人に対して発揮し得べき機能につき深く省察を加えてこれを定めねばならない(規則六条)。

(三) 決定を為すべき機関

保護の要否および保護の種類の決定は、一面に於いては保護の対象を取捨選択することであると同時に、他面に於いては保護の方法を具体的に定めることであるから、保護上最も肝要なる事務に属し、慎重なる審査と透徹せる明察とを必要とするのである。従って、本来これは専門の保護審査機関に依って為さるべき性質のものであるが、現行制度に於いては斯様な専門の機関がないため、便宜上釈放官庁に於いて取扱うこととなって居る。すなわち起訴猶予者については検事局に於いて、仮釈放者および満期釈放者については刑務所に於いて、それぞれこれを取扱うこととし、刑執行猶予者については刑事事件処理の一般の例に依って裁判所でなく検事局が処理することとして居る（規則四十九条、同五十八条）。将来、猶予者および釈放者に対する保護処分の法制が確立されて保護事務を専管する官庁が設置されたならば、保護の要否および保護の種類の決定は、当然その保護官庁または専門の審査機関に於いて為さるべき筋合のものである。

保護の要否および保護の種類に関する釈放官庁の決定は、現在の制度に於いては絶対的効力を有するものではない。釈放官庁に於いて保護の必要なしと認めた者につき司法保護委員または司法保護団体は認知の方法に依り保護の手続きを開始し得る余地を残されて居る（規則五一条、五五条、五六条、六〇条、参照）。

二　保護通知

（一）司法保護票

検事または刑務所の長は、猶予者または釈放者について前述の如く保護の要否を審査し、その必要ありと認めた者については、これに適当する保護の種類を勘考《かんこう》し、これを決定したならば保護通知を行わねばならない（規則四十九条および五十八条）。保護通知とは、釈放官庁が保護担当機関に対して、要保護者の氏名、これに対して特定の保護を加うべしとする釈放官庁の認定、およびその保護の遂行に必要なる参考事項を通知することである。

保護通知は司法保護票に依って行われる（規則五十条五十九条）。司法保護票の様式は司法省令（昭和十四年九月十四日保第一六、一四九号）を以て定められて居る。これに記載を要する事項は、要保護者の氏名、生年月日、本籍地、処分庁名（刑の言渡を受けたる者については判決言渡庁名、起訴猶予に付せられたる者についてはその検事局名）、処分の年月日、罪名刑名および刑期、犯罪経歴（初度犯罪期の年齢、犯数、犯罪の性質、その他）、主なる犯罪原因（犯罪に陥りし遠因および近因、心身の欠陥に因るものについてはその旨を附記）生育関係（生い立ち）、職業経歴（職業に関する履歴、特技、志望職業、なお刑務所釈放者については在所中の作業の種類）、教育、兵役、性行および健康状態（本人の性質、遺伝の有無、不良性の濃度、改悛の見込みの有無、現在の心境、健康については特に就業能力の有無）、生活状態（資産、処分前の生活状態、釈放後の生計の見込み）、家族関係（同居の家族の数、その続柄、本人との融和状況、なお家族中に行状不良なるものあるときはその旨、また同居せざる家族についてはその関係、その他参考事項）、交友関係（特に共犯関係ありし者、入所中知己となりし者、その他本人の犯罪に関係ありし者との交誼の有無）、釈放事由（満期釈放、仮釈放、起訴猶予等の区別）、釈放年月日、帰住地、保護者の住所および氏名、その本人との続柄、職業、年齢、本人の携有金品、保護に関する釈放官庁の意見（一時保護、収容保護または観察保護のいずれを適当とするか、一時保護ならばその方法、例えば釈放時の出迎え、帰住旅費または時衣の給与等如何なる方法を適当とするか、その他保護に関する意見）、その他参考となるべき事項（例えば本人の犯罪に対する社会の感情、親族との関係、近隣および被害者との関係、旧雇傭主《こようぬし》との関係等、保護上参考となるべき事項）である。

（二）保護通知の当事者

保護通知を為すべき者は、検事、刑務所の長、保護観察所長、または少年審判所の長である。その区別はすなわち、起訴猶予者および刑執行猶予者に関する保護通知は検事に於いて取扱い、刑執行停止者、刑執行免除者、刑執行終了者および仮釈放者に関する保護通知は刑務所の長に於いて取扱い、起訴猶予者、刑執行猶予者、刑執行終了者および仮釈放者の中治安維持法違反の罪にかかる者に関する保護通知は保護観察所長に於いて取扱い、また、少年法に依り保護処分を受けたる者に関する保護通知は少年審判所の長に於いて取扱うことになって居る（規則四十九条、五十八条）。

保護通知を為すべき相手方は、本人の現在地または帰住地の司法保護団体かまたは司法保護委員会である。本人に対し一時保護または収容保護の必要ありと認むるときには、本人の現在地または帰住地の司法保護団体にこれを通知し、本人に対し観察保護の必要ありと認むるときには、本人の現在地または帰住地の司法保護委員会にこれを通知せねばならない（規則四十九条五十八条）。蓋し一時保護および収容保護は司法保護団体に於いて為し、観察保護は司法保護委員に於いて為すべきものだからである。現在地を選ぶか帰住地を選ぶかは、言うまでもなく、本人保護上の必要と妥当とに依り定めなければならない。従って、例えば本人に対し本人の現在地に於いて一時保護を加え、且つその帰住地に於いて観察保護を加えることが必要だと認めた場合には、釈放官庁は、これを本人現在地の司法保護団体に対して通知すると同時に、本人帰住地の司法保護委員会に対しても通知するのである。

(三) 保護通知の処理

保護通知が釈放官庁から司法保護委員会に到達した場合には、司法保護委員会はこれを本人の現在地または帰住地の区司法保護委員会に通知し、区司法保護委員会は本人の保護を担当すべき司法保護委員を定めて、その司法保護委員にこれを通知せねばならぬ(規則六十一条および六十二条)。その通知に依り司法保護委員は保護を開始することとなるのである。また保護通知が司法保護団体に到達したならば、それに依って司法保護団体は保護に着手するのである。

斯くの如く、保護通知の到達に依って保護当務者は保護に着手するのであるが、しかしこの場合、その保護の着手は保護通知の直接の効果ではない。保護通知は前述の如く要保護者の存在、その氏名、これに対し保護を為すべきものと認むる釈放官庁の認定を通知するものであって、保護事務の遂行を命令するものではない。しかしながら実際上に於いては、司法保護団体は保護通知を受けた場合に於いては直ちに釈放官庁の意思に従って保護に着手すべきこと勿論であって、司法保護団体本来の公共機関的性質に鑑み当然である。

三　保護の開始、その場合と手続き

収容保護、観察保護または一時保護は、いずれも、多くは前述の如く保護通知に基づいて開始されるのであるが、保護通知に依らずして開始される場合もある。すなわち次の如くである。

（一）収容保護の開始

収容保護はすべて司法保護団体に依り行われる。その行われる場合は次の如くである。

（イ）検事または刑務所の長より保護通知ありたる場合（前述）

（ロ）司法保護委員会より収容保護の委託ありたる場合――司法保護委員会が司法保護団体に対して収容保護の委託を為す場合とは、すなわち施行規則第六十六条に於いて予想せられている場合である。司法保護委員は、自己の手に於いて観察保護中の者またはその他の者につき収容保護の必要ありと認めた場合には、これを区司法保護委員会に通知する。而して、区司法保護委員会は、これに対し収容保護の必要を認めた場合には、その旨を司法保護委員会に通知するのであるから、司法保護委員会は、これに関し司法保護団体と連絡をとって、これに収容保護の委託を為すのである。この委託に基づき司法保護団体は収容保護を開始する。（司法保護団体は顕著なる事由なき限りこの委託を拒絶し得ないことは、前記の保護通知の場合と同じである。）

司法保護委員会が、釈放官庁より観察保護の通知を受けたる者につき収容保護を適当と認めた場合には、道理上からいえば、司法保護委員会はこれを区司法保護委員会に送致することなく、司法保護団体と連絡をとってこれに収容保護を委託するのが当然であるが、法規は司法保護委員会に対して斯かる自由裁量権を認めて居ない（規則第六十一条参照）。従って司法保護委員会が司法保護団体に対し収容保護の委託を為し得るのは、前述の如く区司法保護委員会より通知を受けた場合に限られるのである。この場合、司法保護団体は司法大臣に対し収容保護を開始したる旨の報告を為さねばならぬ。司法保護委員会もまた、司法大臣に対しその処理の次第を報告せねばならぬ（規則第五十一条第七十一条）。

（ハ）司法保護団体の認知に依る場合――司法保護団体は、釈放官庁の通知または司法保護委員会の委託に依らずして要保護者の存在を認知し、これに収容保護を与える場合がある。これを茲に「認知に依る場合」と称する。その中には、新たに要保護者の存在を認知したる場合、かつて収容保護中所在不明となりたる為め保護解除の手続きをとりたる者が復帰したる場合、他の司法保護団体より移送を受けたる場合等を含む。これらの場合に、司法保護団体は任意的に収容保護を加うるのであるが、これに対しては、監督官庁は保護の全般的適正を確保する為め必要なるときは、適当なる指示を為し、またはこれを制止し、その保護の方法に関しても指示を与えることが出来る。またこの場合、司法保護団体はその収容保護の開始につき司法大臣に対し報告を為すの義務を負うて居る（規則第七十二条以下および第五十一条）。

右（イ）（ロ）（ハ）いずれの場合に於いても、収容保護の開始については司法保護団体の任意活動の余地が広いことが注目される。刑事政策に於ける保護の重要性に鑑み、保護の事務が本来国家事務たるべき性質を顧みるならば、保護の開始或いはその終了は国家機関の意思のままに行われねばならないのである。しかし、現在に於いては猶予者釈放者の保護を直接管掌する官庁もなく、且つまた司法保護団体は私人の経営である関係上、収容保護の開始は（その終了もまた）司法保護団体の任意に委せて、国家は必要なる監督をなすこととして居る。その長所としては、民間人の充分なる熱意の発揮を期待し得べきことを挙げ得るであろう。

(二) 観察保護の開始

観察保護は原則として司法保護委員に於いて行い、例外として司法保護団体に於いて行う。これを列挙すれば、次の如くである。

（イ）釈放官庁よりの保護通知に基づく場合――前述の如く、この場合は司法保護委員会より区司法保護委員会に通知し、司法保護委員に於いて観察保護を行うのである。

（ロ）司法保護委員の認知に基づく場合――司法保護委員はその担任区域内に、司法保護事業法第一条の各号の一に該当する者にしてこれに観察保護を施すことを適当とする者があることを認めた場合には、直ちに区司法保護委員会を経てこれを司法保護委員会に通知し、遅滞なく保護の準備を為さねばならぬ。右の通知を受けた司法保護委員会は、観察保護の必要ありと認めたならば、その旨を本人の現在地または帰住地の区司法保護委員会に通知し、区司法保護委員会は、これを司法保護委員に通知して観察保護を開始せしめるのである（規則六十条、六十一条、六十二条）。

（ハ）司法保護団体の連絡に基づく場合――司法保護団体は、従来その団体に於いて収容保護を加えつつある者またはその他の者につき観察保護を為すことを相当と認めた場合には、本人の現在地または帰住地の司法保護委員会と連絡をとって保護上適当なる処置をとらねばならない（規則五十五条）。その場合、連絡を受けた司法保護委員会は、本人につき司法保護団体をして観察保護を為さしむることを適当と認めたならば、遅滞なく当該司法保護団体と連絡をとって、これをして観察保護を為さしむべきであり（規則六十七条、六十六条二項）、もし司法保護委員をして観察保護を為さしむることを相当と認めたならば、区司法保護委員会に通知して司法保護委員をして観察保護を開始せしむべきである。従って、司法保護団体の連絡に基づき開始せらるる観察保護の担当者は、司法保護委員会の定むる所に従って、司法保護団体かまたは司法保護委員かである。

実際上の問題として、保護に於いては、保護を為す者と保護を受ける者との間の人格関係が最も肝腎であるから、一旦打ちたてられたところの人格関係は、努めてこれを持続せしむるようにしなければならぬ。従って、収容保護を解除して観察保護に変うる場合に於いては、その収容保護の常務者と観察保護の当務者とは同一人格であることが、最も望ましいのである。現行制度の下に於いてはこの点を考慮して、司法保護団体の主任者は原則的にすべて司法保護委員に選任し、以て保護に於ける人格関係の持続に遺憾なからんことを期して居る。故に具体的場合に、某司法保護団体に於いて収容保護を加えていた対象者につき、今後観察保護を適当とすると認めてその司法保護団体に於いて収容保護を解除し、その旨司法保護委員会に通知して来た場合には、司法保護委員会は、その司法保護団体に於ける収容保護の主任者たる司法保護委員をして、観察保護を為さしむるよう取計らうのが妥当であり、且つこのような取計いを以て充分であると謂わねばならぬ。従って其処には、司法保護団体をして観察保護を為さしむる必要は生じないのである。ただ異例的に、司法保護団体の収容保護主任者が司法保護委員に任命されていない場合、その他特殊の場合の発生が想像されないではないから、斯かる特殊の場合に於いても保護の効果の減退を生ぜしめない為めに、現行制度は特に司法保護団体の観察保護という異例的取扱いを認めているのである。

施行規則第六十七条にいわゆる「司法保護委員会司法保護団体ヲシテ観察保護ヲ為サシムルヲ適当ト認ムル場合」とは、観念的には、（イ）右の如く司法保護団体に於いて収容保護を解除したる者に対し当該司法保護団体をして観察保護を為さしむべき少数の場合の外、（ロ）従来司法保護委員に於いて観察保護中の対象者につき、向後司法保護団体をして観察保護を為さしむるを適当と認むる場合をも含むものと見ることが出来る。しかし実際上は先には司法保護委員の観察に付するを適当と認めたる司法保護委員会が更《あらた》めて斯くの如き認定に到達する場合は稀有に属するであろう。次にまた（ハ）釈放官庁に於いては司法保護委員をして観察保護を為さしむるを相当と認めて司法保護委員会に対し保護通知を為したる場合に、その保護通知を受けたる司法保護委員会は司法保護団体をして観察保護を為さしむるを適当と認むるという場合も、観念的には考え得られることである。例えば司法保護団体の主任者が経験上観察保護の錬達者である場合の如きはそれであるが、しかし斯かる有能の士は実際上既に司法保護委員に任命されて居る筈であるから、敢えてその人に対し司法保護団体たる資格に於いて観察保護を為さしむべき理由は見出し得ない。のみならず、司法保護委員会は釈放官庁より受けたる保護通知は必ず区司法保護委員会に移牒すべきであって、（規則第六十一条）司法保護団体をしてその観察保護に当たらしむべき手続き上の裁量を認められていないから、右の（ハ）の場合は単に観念上の想定にとどまる。斯くして規則第六十七条にいわゆる「司法保護団体ヲシテ観察保護ヲ為サシムルヲ適当ト認ムル場合」は、前述の（イ）すなわち従来収容保護を為したる者につき司法保護団体の連絡ありたる場合の中の特殊少数の場合に限られるのである。

（二）本人転住の場合――本人が他の保護区に転住したるときは、担当司法保護委員はこれを転住先の司法保護委員会に通知する（規則六十五条）。その通知を受けた転住先司法保護委員会の為すべき処置については、施行規則は別に規定を設けて居ないが、施行規則第六十一条に準拠して、これを本人の現在地または帰住地の区司法保護委員会に通知すべきは当然であり、区司法保護委員会は、これを司法保護委員に通知し、そこに観察保護の開始を見るべきである。

右いずれの場合に於いても、観察保護の開始は、司法保護委員会の通知または認定に基づいて為さるることとなって居ることが注目されねばならない。司法保護委員会との間に合意なくして開始せられた観察保護的行為は、厳格な意味（法律上）において観察保護と認められないのである。

（三）一時保護

一時保護は、司法保護団体が釈放官庁より通知を受けた場合（規則四十九条）に行うのを原則とする。尤も右の如き通知に依らずして、司法保護団体がその必要あることを認知して行う場合もあり得る。いずれの場合にも、司法保護団体は一時保護を為したるときは司法大臣にこれを報告しなければならない（規則五十一条）。

右に謂うところの一時保護が、観念上収容保護または観察保護と区別せられるものであるとは勿論である。収容保護または観察保護の期間中に被保護者に対して与えらるる種々の一時保護的行為は、収容保護または観察保護の内容を為すのであって、茲に謂うところの一時保護ではない。

四　保護の解除

(一) 収容保護の解除

収容保護の解除は、司法保護団体に於いて適宜にこれを行う。司法保護団体は、収容保護中の者の保護については、原則として他から制肘《せいちゅう》を受けず、収容保護を解除するか否かにつき何処からも指示を与えられることなく全く自己の判断に基づいてこれを決するのである。この事は、収容保護の開始が矢張り大体に於いて司法保護団体の自由裁量に依り行われることと照応して、猶予者および釈放者の保護に於ける司法保護団体の特殊の立場を示すものである。自由裁量の範囲が広いだけ、責任は重いと見なければならぬ。解除を為すべきか否かは適正なる合理的判断を以てこれを決すべきで、疑いあるときは釈放官庁と相談して定むるのが穏当である。

司法保護団体は本人が社会生活を為すに適当なる準備を了《おわ》ったならば、収容保護を解除してこれを独立せしむべきである。もし本人につき最早や収容保護の必要はないが、なお当分の間、観察保護を為すのが相当であると認めたならば、収容保護の解除に先だち本人の現在地または帰住地の司法保護委員会と連絡をとり、保護上適当なる処置を執らねばならぬ（規則五十五条）。連絡を受けた司法保護委員会は、収容保護の経過を充分に考量した上、所属の司法保護委員または司法保護団体をして観察保護を行わしむるのである。

（二）観察保護の解除（規則六十七条、六十六条二項）

観察保護の解除が行われる場合は、（イ）本人につき保護の目的を達したものと認められる場合、（ロ）本人が他の保護区に転住した場合、（ハ）本人が所在不明となった場合、更に罪を犯した場合、死亡した場合、その他特殊の場合、（ニ）収容保護に付するを適当と認められた場合、（ホ）輔導を開始して二年を経過した場合である。

観察保護の解除は、これらの事由ある場合に、区司法保護委員会の決定に依って行われる。尤も右の事由の中には、その事由あれば必然的に本人の保護対象者たる性質を喪失せしむべきものもあり（例えば再犯の場合）、斯かる場合には敢えて区司法保護委員会の決定を俟つ余地もないのであるが、原則として観察保護の解除は区司法保護委員会の決定に依って生ぜしむることとしている。而して区司法保護委員会がその決定を為す方法として、会議に依るか常務委員の単独決定に依るかは、常務委員の認定に依るべきものである（規則三十六条三十七条）。その各場合につき左に略説する。

（イ）本人につき保護の目的を達したる場合

司法保護委員は本人につき保護の目的を達したものと認めた場合には、司法保護票を以てその旨を司法保護委員会に通知せねばならぬ（規則六十八条一項および七十条）。通知を受けた区司法保護委員会が、これについて保護の解除を為すべきか否かの決定を為すには、これを会議に付して審議を経ることを相当とする。蓋し、保護の解除を為すべきか否かの問題は、遅滞なく決定せらるることは望ましきことではあるが、通常の場合には必ずしも寸刻を争うを要するものではないから、これを区司法保護委員会の会議開催の時まで保留しても不都合を生じないのであり、他面、同一の区司法保護委員会に所属する司法保護委員は、相互に各自の保護活動の状況を知悉して連絡共助を為すことが望ましいから、その意味に於いても斯様な具体的問題は支障なき限り会議の問題とする方が宜しいのである。法規上に於いては「保護の解除」を必ず会議に於いて決せらるべきものと定めているのではないが、しかし多くの場合、これを会議に上程すべきことを予想して居るのである（規則三十六条、三十七条規範二十二条）。斯様にして、区司法保護委員会に於いて保護解除の旨の決定があったならば、これに依って司法保護委員は輔導を終了することとなるが、もし区司法保護委員会に於いて保護を解除せず、依然当該司法保護委員の観察保護を継続すべき旨を決定したならば、司法保護委員はなおその輔導を継続しなければならぬ。

（ロ）本人他の保護区に転居したる場合（観察事件の移送）

観察保護中の者が他の保護区に転住した場合には、司法保護委員はこれを本人の転住先の司法保護委員会に通知せねばならぬ（規則六十五条）。本人の転住先は、同一司法保護委員会管内に於ける他の保護区たる場合と、他の司法保護委員会の管内たる場合とがある。（1）転住先が他の司法保護委員会管内である場合には、司法保護委員は直ちに司法保護票を以てその旨を区司法保護委員会に報告し、区司法保護委員会は同じ司法保護票を司法保護委員会に送達し、その送達を受けた司法保護委員会はその司法保護票を以て直ちに本人の転住先を管轄する司法保護委員会に事件の移送をするのである。（2）本人が同一司法保護委員会管内に於ける他の保護区内に転住した場合には、司法保護委員は直ちに司法保護票を以てその旨を区司法保護委員会に報告するを要し、その報告を受けた区司法保護委員会は、書面を以てその旨を司法保護委員会に報告すると同時に、司法保護票を以て本人の転住地の区司法保護委員会に通知せねばならぬ（規則六十五条、規範二十六条）。右（1）（2）いずれの場合に於いても、本人の従来の居住地の区司法保護委員会に於いては、特に観察保護解除の手続きを要せず、事件の移送を以て解除に代うるのである。

（ハ）所在不明、再犯、死亡その他の場合

観察保護中の者が「一、所在不明ト為リタルトキ、二、本人更ニ罪ヲ犯シタルトキ、三、本人死亡シタルトキ、四、其ノ他重要ナル事由ヲ生ジタルトキ」には、司法保護委員は区司法保護委員会を経由して司法保護委員会にこれを報告せねばならぬ（規則六九条規範二六条）。「所在不明」の意義は明らかである。「本人更ニ罪ヲ犯シタルトキ」とは、本人が禁錮以上の刑に処せられた場合を謂い、「其ノ他重要ナル事由ヲ生ジタルトキ」の中には、本人が入営または応召した場合、または内地外に移住したる場合の如く、保護を継続すること能わざる場合を含む。これらの場合に於いては、それらの事由に依って保護の継続は事実上不能となるのであるから、区司法保護委員会は、常務委員の単独決定を以て、速やかに保護解除の決定を為すを相当とする。ただ所在不明の場合については、その解除の決定を相当期間留保し、担当司法保護委員をしてその間保護上必要なる努力を為さしむるべきであり、またその解除の決定は、事情に依り会議に於いて為すを相当とする。右いずれの場合に於いても、区司法保護委員会は、解除の決定をしたならばその旨を担当保護委員に通知しなければならぬ。

（ニ）収容保護に変更するを適当と認めた場合

司法保護委員は、観察保護中の本人に対し収容保護を為すべき事情があると認めた場合には、その旨を区司法保護委員会に通知しなければならぬ（規範第二十一条）。区司法保護委員会は右の通知を受けたときは、果たして本人に対し収容保護の必要ありや否やを調査し、その必要ありと認めた場合には観察保護を解除する旨の決定を為し、その旨を担当司法保護委員に通知しなければならぬ。而してこれと同時に、区司法保護委員会は司法保護委員会に対し、本人につき収容保護を必要と認むる旨の通知を為すべきこととなって居る（規則六十六条参照）。

（ホ）輔導を開始して二年を経過した場合

司法保護委員は観察保護中の本人につき輔導を開始して二年を経過した場合には、その経過の如何にかかわらず、その事を区司法保護委員会に通知せねばならぬ。その通知を受けた区司法保護委員会は、会議に於いてその二年間の輔導の経過を調査し、担当司法保護委員の意見を参酌して、本人につき輔導を継続すべきや否やを決定せねばならぬ。観察保護を開始して二年を経過し格別の過失もない者は、大体に於いて保護の解除を為すべき時期に到達していると認めることが出来よう。その意味を以て二年を以て観察保護の一期間と観念し、この二年間に保護の成果を結ばしむることを輔導上の通念たらしめたものであるが、勿論本人の状況に依っては更にこれを継続すべきことを予想して居るのである。区司法保護委員会は、輔導継続の要なしと認めた場合には、保護の解除の決定を為し、その旨を担当司法保護委員に通知しなければならぬ（規範二十三条）。

右各項の手続きは、司法保護団体に於いて観察保護を為して居る場合に於いては趣を異にする。司法保護団体の観察保護は、前述の如く変則的異例的であるため、これに関する手続きは格別の規定を持たないのである（次節参照）。

五　保護に関する報告

（一）一時保護に関する報告

司法保護団体は、一時保護を為した場合には、その旨を司法大臣に報告せねばならぬ（規則五十一条）。一時保護に関する報告は、毎月一ケ月分を取りまとめ、その月に於ける被保護者の氏名、性別、年齢、犯数、保護通知を為したる検事局または刑務所の名（但し保護通知に依るにあらずして保護団体の認知に依り一時保護を為したる者についてはその旨）、釈放年月日、釈放事由（起訴猶予、刑執行猶予、刑執行停止、刑執行免除、仮釈放または満期釈放の別）、保護の時期（例えば拘禁中、釈放時、来訪時等を示す）、与えたる保護の方法等を記載して報告するのである。

(二) 収容保護に関する報告

司法保護団体は収容保護に関し、次の三つの場合には司法大臣に対し報告を為さねばならぬ。

第一は収容保護の開始に関する報告である（規則五十一条）。この報告は、毎月一ケ月分を取りまとめ、当月内に新たに収容したる被保護者の氏名、性別、年齢、犯数、保護通知を為したる検事局または刑務所名（但し保護通知に依らず本人の復帰または当該保護団体の認知もしくは他の保護団体よりの移送に依り収容保護を為したる者については再収容または認知もしくは移送の旨）、釈放年月日、釈放事由、収容の日附、就業状態を記載して報告するものである。

第二は収容保護中の者に関する事故報告である。司法保護団体は収容保護中の本人が所在不明となりたるとき、更に罪を犯したるとき、伝染病または重き疾病に罹《かか》りたるとき、死亡したるとき、その他重要なる事由を生じたるときには、これを司法大臣に報告せねばならぬ（規則五十四条）。この報告は、毎月一ケ月分を取りまとめ、本人の氏名、収容年月日、事故の種別（例えば所在不明、再犯、伝染病、重病、死亡等の別）、事故発生の年月日を記載して報告すべきことになって居る。

第三は収容保護の終了に関する報告である。司法保護団体は、収容保護中の者の収容保護を解除した場合には、その旨を司法大臣に報告せねばならぬ（前出）。また、収容保護中の者に対して観察保護を為すを相当と認め、司法保護委員会と連絡をとって保護上適当な処置を執った場合には、その経過を司法大臣に報告しなければならぬ（規則五十六条）。本報告は毎月一ケ月分を取りまとめ、収容保護終了者の氏名、収容年月日、終了の日、収容期間、終了の事由を記載して報告することになって居る。収容保護終了の事由は、成績良好、保護者引渡、入営、結婚、内地外への転住、他の保護団体への移送、司法保護委員の観察、観察保護に変更、保護不適格、無断退去、再犯、死亡、およびその他に区別して表示するのである。

(三) 観察保護に関する報告

観察保護に関する報告は、左の四つの場合にこれを為さねばならぬ。

第一は観察保護の開始に関する報告である。司法保護委員は保護を開始したるときは司法保護委員会にこれを報告せねばならぬ。その方法は、司法保護委員は口頭または書面を以て区司法保護委員会に通知し、この通知に基づき区司法保護委員会がこれを翌月五日までに司法保護委員会に報告することとして居る。蓋し司法保護委員の事務的負担を成るべく軽減する趣旨である（規則六十四条、規範二十四条）。司法保護委員が保護通知を受けたに拘らず、本人不在その他の事由の為め輔導を開始すること能わざる場合には、その点につき右の方法に依り報告することを要する（規範二十四条）。

第二は事故報告である。司法保護委員は、観察保護中の本人につき、所在不明、再犯、死亡その他の事故が生じた場合には、司法保護委員会にこれを報告せねばならぬ（規則六十九条）。この場合司法保護委員は書面を以て司法保護委員会までこれを通知し、区司法保護委員会はこの書面通知に基づいて保護解除を為すべきや否やを決定し、保護解除の決定を為したるときはその旨を当該司法保護委員に通知する。当該司法保護委員は、この解除通知に基づいて司法保護票に経過を記入し、これを区司法保護委員会経由司法保護委員会に送達するのである（規範二十六条）。しかしながら再犯、死亡等の如く観察保護の継続不能なる事態を生ぜしむべき事故の場合には、司法保護委員はその事故の発生を知ると同時に直ちにその旨を司法保護票に記入し、これを区司法保護委員会経由にて司法保護委員会に送達すれば足りる。所在不明の場合に於ける取扱いについては前に述べた。

第三は観察保護の終了に関する報告である。観察保護の終了が如何なる場合に如何なる手続きを経て行われるかについては前に述べた。司法保護委員は、観察保護を終了したるときは、遅滞なくその旨を司法保護票に記入し、この司法保護票を区司法保護委員会経由にて司法保護委員会に送達し、これを以て観察保護終了の報告と為さねばならぬ。その場合に、司法保護票以外に関係書類あるときはこれを添附することを要する（規範二十七条）。観察保護の終了の一つの場合である収容保護への転化の場合に於いては、司法保護票は司法保護委員会から更に収容保護を為す司法保護団体へ移送せらるるのである。

第四は観察保護の成績に関する報告である。観察保護の成績に関する報告は、前掲の三つの場合の如く司法保護委員から司法保護委員会に対して為さるるものではなくて、司法保護委員会から司法大臣に対して為さるべきものに属する。司法保護委員は、自己の担当に属せしめられた者に対する保護については全責任を負ってこれが遂行に当たるべき建前であって、その観察保護の継続中は、事故の場合を除きその成績を報告する義務を有しない。各個の被保護者に対する観察保護の成績は、その観察保護の継続中は担当保護委員のみがこれを知って居るのである。司法保護票の継続用紙には、行状の良否、交友の状況、家庭の折り合い、健康の状態、職業状態、生計状態等につき記録の欄が設けられて居り、また種々の保護行為（例えば帰住斡旋、生業助成、環境調整、相談指導等）につき詳細記録の欄も設けられて居るのであって、各司法保護委員は自己の担当する被保護者につき常にこれらの配慮を為し、また記録をも為して居るべきであるが、その記録したものは観察保護の終了までは司法保護委員の手許《てもと》に保管されることとなって居るのである。従って、観察の終了に依り司法保護票およびその継続用紙が提出されるまでは、司法保護委員会または区司法保護委員会は、その管内に於ける各個の観察保護の進行状況、その成績状態については事故発生の場合を除き知るところがない。司法保護委員会は、観察保護が終了して司法保護票が提出された後に於いて始めて、終了したる保護事件の成績を知り得るのである、司法保護委員会はこれを点検し総合して、毎月その取扱いにかかる観察保護事務の全般的状況を司法大臣に報告せねばならぬ。この報告に於いては、取扱った対象者の種別（すなわち釈放事由別）性別に従い、受理の状況、処理の状況（すなわち幾人を司法保護委員の観察保護に付し、幾人を他の司法保護委員会に移送した等）観察終了の状況（特にその終了原因、例えば成績良好に依るもの幾人、所在不明に依るもの幾人、収容保護に移せるもの幾人等）等を記載して全貌の報告とするのである。

観察保護に関する報告は、右の如く司法保護委員より司法保護委員会に向かって為すものと、司法保護委員会より司法大臣に向かって為すものとである。観察保護が司法保護団体に依って為された場合に於いては、その開始、事故、終了、成績のいずれに関しても、司法保護団体は報告の義務を持たない。蓋し観察保護を司法保護団体に於いて行うことは、既述の如く、変則的異例的であるのみならず、司法保護団体の司法保護委員会に対する関係は司法保護委員のそれの如く直接的でないからである。司法保護団体の観察保護については、唯その開始に関し、これに関与したる司法保護委員会が司法大臣に向かって報告の義務を負うのみである（規則七十一条）。

第三章　釈放者および猶予者保護の実際　――その目標と方法――

第一節　保護の目標

保護は既に述べたように、形の上から見れば一時保護、収容保護および観察保護の三種類となるのであるが、いずれの場合に於いても、「保護ニ於テハ本人ガ更ニ罪ヲ犯スノ危険ヲ防止シ之ヲシテ進ンデ臣民ノ本分ヲ恪守セシムル為性格ノ陶冶、生業ノ助成其ノ他適当ノ処置ヲ以テ本人ヲ輔導スル」ものである（司法保護事業法第二条）。従って、保護とは、対象者を臣民として育成することを目的とする輔導である、と謂うことが出来る。この目的は、観察保護に於いても、収容保護に於いても、はたまた一時保護に於いても、異なりあるべきではない。各種の保護は、その対象の状況を異にするが故に、その力点も自ら異なることを要し、例えば収容保護に於いては本人に対して社会生活への準備として訓練を施すことに力《つと》め、観察保護に於いては正常なる社会生活に馴致せしむることに力め、一時保護に於いては帰住を成就せしめて社会生活の正しき端緒を得しむることに力むべきものであるが、いずれの場合に於いても、究極の目的とするところは畢竟、対象者をして忠良なる臣民たらしむることに帰しなければならない。単に一椀の飯を与うるについても、また一筋の手拭を与うるについても、常にこの目的を自覚してこの目的に適合するようにしなければならない。この目的に適合しないならば、慈悲も、施与も、斡旋も、訓諭も、保護に似た行為とはなっても真の保護であるとは謂い得ないのである。

さて斯かる目的を達成するために、保護の実際に於いて為さるべき保護方法は千種万様の形態をとるのであるが、これをその当面の具体的目標に従って眺むるならば、性格の陶冶を目標とするものと、生活の援護を目標とするものとに分かつことが出来る。生活の援護は、更にこれを生活の扶助、生業の助成および環境の調整の三種に分かつことが出来よう。司法保護委員は観察保護に於いて、また司法保護団体は収容保護または一時保護に於いて、それ種々の保護方法を工夫し実施するに当たっては、必要に応じて、これらの保護目標を逐次実現しつつ究極の保護目的の達成に向かって進まなければならないのである（規則二条）。

この目標到達の方法につき、司法保護委員執務規範（昭和十四年九月二十九日司法省訓令第二号）の規程は、司法保護事業法施行規則（昭和十四年九月十四日司法省令第四十八号）の総則の規程と相俟って、保護に当たる者の拠るべき準則を示している。

第二節　接触の用意

輔導は人格の接触を基として行われる。収容保護に於いては、保護に当たる者と保護を受くる者との間に日夕接触の存することは言うまでもない。観察保護に於いても、面接、通信その他の方法に依って常に接触が保たれてゆくのである。この接触が心の交流を産み出し、心の交流が感化を伴い指導を基礎づけてゆくのである。従って、保護に当たる者は、常に接触の用意に於いて十全を期しなければならない。

一　輔導に当たる者の修養

接触の用意の根本は、輔導に当たる人格の修養である。輔導は右の如く人格的接触を基礎として行われるものであるから、輔導に於いては、これに当たる者の人格の如何が本質的な重要さを持って来る。「人格は輔導の根本条件だ」と謂っても過言ではない。それゆえ保護に当たる者は、常に修養に努め品位を保持し、自粛自戒、以て世人の師表たらんことを期しなければならない（規範三条参照）。

保護に当たる者は、人格高潔であると同時に、正しき指導を為し得るものでなければならぬ。正しき指導とは、対象者を日本臣民として育成し、これをして国策の要求と社会の実情に適合せしむることである。対象者を真の日本臣民として育成し、その地位の如何に拘らず国家の要請に即応して奉公の誠を致さしむるとは保護の本旨であり、また団体の本義に呼ぶ所以である。保護の任に当たる者は、常に思いを爰《ここ》に致して、保護の本旨を完うする為め深く国体の本義に徹すると共に、国策の動向と社会の推移に留意し、これに関する適正なる認識を有することが肝要である（規範四条）。

保護に当たる者は、家族主義の精神を体し、刑政の真諦を践《ふ》み、常に報国の至誠を以て保護教化の徹底を期しなければならぬ（規範五条）。我が国が皇室を中心とする民族的家族国家であることは申すまでもない。同胞万民一家を成して相倚り相扶《あいたす》くるところの家族主義の精神は、実に我が国古来の強靭なる社会生活の骨髄をなして居るのである。刑政の真諦もまた此処に存すると謂わなければならぬ。我が国固有の家族的国家体制に即応し、万民一家の同胞観念に基づき、過誤を犯したる者に対してはこれを匡正輔導して皇国臣民たるの本分を果たさしめ、皇国臣民たるの光栄を恢復せしむることが、家族主義の精神であり、また刑政の真諦である。このことに力を努むるは同胞たる者の道徳的義務であり、この事の成就はすなわち国恩の厚きに報いるの道である。思うて爰に到れば、同胞として選ばれてこの保護の事に当たるを得ることは、洵に光栄の使命と謂うべきであろう。されば保護に当たる者は常に報国の至誠を以て保護教化の徹底を期しなければならぬ。

二　相手に対する心持

輔導に於いては人間的な親和と信頼の関係の存在することが要件であって、被保護者が保護に当たる者に対して全幅の信頼を置き、胸襟《きょうきん》を開いて相談を持ちかけるようにならなければ充分の効果を期待することは出来ないものである。それでは、このような親愛と信頼の関係は如何にして生まれるかといえば、言うまでもなく、これを創造するものは溢れる至誠と愛情でなければならぬ。総じて対象者は或る種の偏見とひがみに支配されがちなものであって、これを温かい心で包擁しようとしてもなかなか応じて来ないで、ややもすればこれを回避しようとする傾向が強い。これを捉えるものは畢竟、これを救わずんば止まざる至誠と慈母のごとき愛より外にはあり得ないのである。至誠と真情を以てすれば、固く閉ざされた対象者の心の扉を開いて全幅の信頼を寄せしむることも難事ではないのである。

勿論、保護は本質に於いて教化でなければならないから、その慈母の愛は決して舐犢《しとく》の愛であってはならぬ。甘やかすことは禁物である。濫《みだ》りに恩恵を施し、その欲求に迎合するような態度に出ずるならば、依頼心を増長させて自力更生の心を喪《うしな》わしめるのみならず、恩に狎《な》れしめて狡猾安易なる生活態度に陥らしむることともなり、人間の錬成を目指すべき保護の本旨に背馳《はいち》する結果を生ずる。人間を作り上げるには鍛錬が必要であり、生きる道はこれを自力に依って開拓せんとする刻苦励精《こっくれいせい》の生活態度を堅持せしむることが肝要であるから、保護に当たっては、引締むべきところは引締め、匡《ただ》すべきところは匡し、厳父慈母の心を以てこれに臨み、厳正にしてしかも寛厚《かんこう》なる指導を行うことが肝要である（規範第六条）。

輔導が人対人の関係であるからには、人情の機微を察知し、懇切を尽すべきことも勿論である。保護対象者は、たとえ表面は無智、鈍感、無表情のようであっても、心の動きは却って敏感であって、相手の態度、言動乃至風采《ふうさい》等に対しても微妙な反応を生ずるものである。保護してやるぞといったような尊大な態度や、疑い深い視察的態度、或いは熱意の籠《こも》らぬ事務的、御役目的、申し訳的の態度が、何ら相手の魂に訴うることなく、却って反撥や回避の反応を生ずることは自然の理である。疑う者は疑われなければならぬ。大切なことは相手に対する深い思いやりと、これを信じ、これと手をとり合って進む心持である。その親切な心持を以て、相手の身になって懇切を尽すことである（規範第七条）。

これに関連しては、秘密の厳守ということが特に注意されねばならない。保護に従う者は、職務上いろいろの人の秘密を知らねばならぬ場合を生ずるのであるが、知り得たところは胸にたたんで輔導上の参考となすにとどめ、外部に対してはこれを厳秘に付することが必要である。特に保護対象者の前歴については、その秘密の保持につき充分の注意が肝要である。犯罪前歴者たることの漏洩は、本人の心に激甚なる衝動を与えるのみならず、本人の社会的職業的地歩に破綻を生ぜしむることも多いのであるから、これが秘守については、特に親切を尽すことが大切である（規範第七条および規則第十一条）。

斯くの如く、保護に当たる者の相手に対する心持については、慈愛と親切が溢れていなければならない。これについて、或る保護実務家の経験談を左に抄録することとする（昭和十五年一月一日付『司法保護』第二十七号附録「司法保護委員通報」第八号藤井恵照《えしょう》氏「事始め」）。

「自分の経験から、保護委員はどうあるべきかという心構えについて事例の一、二を中心に述べてみたい。尤も、いかなる場合でも欠いてはならぬ重点といえば、相手方を恰かも母親がその子をふところに抱き込み慈しむような、あの無限に深く温かい愛の精神であることは言を俟たぬ。しかしこの根本精神から、いろんな人と場合に応じて具体的な実践が発露してゆかねばならない。

「私は、さきごろ、百数十版を重ねた『小島の春』という書物を読んで最も感銘をうけた点は、お医者が警察からの報告によって患者の家を訪ねた場合の苦衷を描いた部分であった。この並々ならぬ難関を、『小島の春』の主人公は、唯一つまごころからなる愛を以て突破しているのであるが、ここの呼吸は直ちに移してもって私どもの事業に適応するのではあるまいか。

「相手方のすべては、殆ど例外なく、自分の身上関係をわが子にさえ秘して居るもので、況んや同居人や近隣の人々には、体面を装うために一方ならぬ心を配って暮らしているというのが常である。その秘密の鉄条網を乗り越えて訪問する委員の苦慮というものは、相手の気もちを荒らすまいとする限り、並たいていのものではない。

「殊に都会の密集地帯では、その出入りはもとより、質問応答の一言一句にも細心の注意を配らねばならぬのである。或る委員は、一里半もある道をわざわざ訪ねて行ってようやく目指す対象者の家を探し当てたが、折悪しく近所のおかみさんらしいものが来て話し込んでいるので、どうしても入ることができず、殆ど一時間ばかりもその辺を人目に立たぬように歩きまわりながら機を待ったが、とうとう果たさずして空しく帰った。それから一週間後に出向いてゆくと、またぞろぞろ他人が訪ねて来て玄関先に頑張って居り、徒労を重ねた。三度目にようやく会見することができたので、たまたま話のついでに、実は何日と何日とに来訪したが、斯くの次第であったと告げると、相手は非常な感銘を以て、委員の配慮に涙を流さんばかりよろこんだという。

「また、これは最近の話だが、薬屋をしている保護委員が対象者を訪ねた。ところが相手は間借りをしていて、しかも相憎《あいにく》外出して留守である。そこでその家主さんに来意を告げねばならぬ破目になった。思慮深いその委員は家主に向かい、実は私は何町の何某という薬屋の主であるが、お宅の××さんとは同郷の関係で今日は仕事のことについて訪ねてきたと伝言してほしい、と云い残して帰ったものである。次に本人と会ったとき、この間家主に向かって君と私との関係を同郷のもののように話しておいたから、そのつもりでいてくれと告げたところ、その一言で相手は心から感激したという。

「これはほんの一、二の例に過ぎぬが、まず最初の会見に於いても、このような千変万化の工夫、深甚の心づかいが無くてはならぬのである」。

第三節　対象の把握（――いわゆる調査について――）

一　調査の必要

輔導に於いては相手を知ることが大切である。相手を熟知し、その精密なる認識に基づいて輔導の方針を立つるのでなければ、充分なる効果を収むることは困難である。

関知すべき事柄は、「本人ノ心身ノ状況、改悛ノ程度、生活ノ状態、家庭ノ関係、職業ノ有無、環境ノ良否及《および》融和ノ状況其ノ他本人ノ保護上参考トナルベキ」万般の「事項」（規範第十二条）に亙らねばならぬ。司法保護委員令は、これを「性行及境遇」の語を以て簡単に表示して居るが、その内容はすこぶる複雑且つ多岐に亙ることを要するのである。心身の状況については、身体諸般の状態、性質、性癖、性格、知能の程度、遺伝関係などを審《つまびら》かにし、改悛の程度に関しては、不良性の濃度、改悛の時期、行状の変化、交友の推移等も知る必要がある。

これらの事柄は、輔導に入るに先だち出来るだけ詳細に知っておくことを要する。蓋し輔導を行うには、まず輔導の方針を立つることが必要であるが、輔導の方針は保護対象の欠点や長所を知り尽さなくてはこれを立つることが出来ないからである。保護に当たる者は、保護通知に依るかまたは認知に依るかして保護対象を与えられたならば、直ちにこれについて詳密なる知識を得るに努め、その認識の上に輔導の方針を立て、その方針に従って輔導に着手することを要するのである。

二　調査の方法

対象を審に把握すること、すなわち調査の方法としては、保護通知に依り与えられた対象者についてならば、まず司法保護票の記載に従って、本人の性情、境遇、前歴、能力等を或る程度審かにすることが出来る。しかし真に輔導の適切を期する為めには、司法保護票に記載されていることだけでは不充分であって、一層詳密且つ正確なる認識をもつことが必要である。しかし斯くの如く詳密なる認識を得ることは、輔導着手前に於いてこれを為すことは不可能である。対象のすべてを知り尽す為めには、親しく接触を重ねることが必要であって、ただ書面の調査や一回の面接や、外廻りの聞き込みやなどに依って為され得べきことではない。それも外面的な事実ならば兎も角として、輔導上最も大切な本人の心の動きというものは、いわゆる調査に依ってはその幾分も知り得べきものではない。真に輔導上貴重な参考となるべき本人の有りのままの姿というものは、本人がこれを隠しだてせず、進んで打ち明けるに及んで始めて審かにし得べきものである。而して本人が包みかくしせずに自己の有りのままを露わすということは、保護する者と保護される者との間に深い信頼が存立するに及んで始めて期待せられ得べきものである。而して斯かる信頼の関係というものは、原則的に謂えば、度重なる接触の後に始めて生じ得べきものである。従って対象を充分に知り尽すということは、度重なる接触の後に始めて有り得べきことであり、換言すれば、それは輔導の過程に於いて始めて可能であると謂わなければならぬのである。本人を知り尽すためには、接触の度毎に観察を詳かにし、認識を深めてゆくという方法より外はないのである。充分なる調査というものは、斯ようにして始めて可能なるものであるから、従って調査は輔導と別の手続きではなく、また輔導の前に完了すべき手続きでもなく、輔導中常に続けらるべき輔導の一個面に外ならないのである。勿論、輔導の着手に当たっては、何らの予備知識もなく漫然と本人と接触するということは避けなければならない。保護通知を受けたならば、司法保護票を精査するとか、釈放官庁の見解を叩いてこれを補足するとか、適当の方法に依って本人輔導上の予備知識を得ることに努め、接触するについての心構えを作ることが必要である。斯くして、一応の予備知識と一応の心構えが出来たならば、速やかに本人と接触し、心の交流の過程に於いて輔導を進め、輔導の過程に於いて調査を深め、調査の徹底に依って輔導を適正ならしめて行くことが大切なのである。

調査、すなわち対象の姿を審にすることの目的は、謂うまでもなく、輔導の適正を得んが為めの材料を得るにある。調査された内容は、輔導の予備知識となり基礎となることに依って始めてその価値を持つのであって、調査それ自体に価値があるのではない。従って調査は、徒らなる穿鑿であってはならないし、訊問や探偵の如くであってはならない。また対象の欠点短所の爬羅《はら》剔抉《てつけつ》に陥ってはならない。欠点短所を知ることも必要であるが、本人の更生を完成させる為めには、伸ばさしむべき長所を発見することは更に必要である。

第四節　保護の着手および準備的保護

一　保護の着手

（一）迅速に着手すべきこと

保護は機を逸せず迅速に開始されなければならない。保護通知を受けたるときは直ちに輔導を開始すべし（規範第十一条）というはその趣旨である。蓋し猶予者または釈放者にとって、その再起更生の為め最も切実に輔導を必要とする時機は、実に釈放直後だからである。検事局或いは刑務所から釈《ゆる》されて始めて世間の光を見、世間への再出発の第一歩に立ったその瞬間が、本人の人生にとって如何に重要なる契機であるかは言うまでもなく明らかである。釈放時に於ける本人の心境は、再生生活の設計にほのたる希望を感ずると同時にその設計の具体化について多少とも考え惑い、家族の者や世間の人達の自己に対する思惑にも不安を抱き、一種不安定なる状態の中に漂うて居るのである。斯かる不安定なる心境に対して与えられる刺激と感動の如何は、その後に於ける彼の生活態度を殆ど左右するものと見なければならないのである。この時機に於いて与えられる温かい人情と適正なる輔導とは、彼に対して起死回生の妙薬ともなるであろう。これに反して、もしこの時機を逸して時日を経過するならば、釈されて世の光を見た感激も次第に薄れ、今後の行き方に対する心構えも善かれ悪しかれおのずから定まって来るのである。そうして彼が一定の生活型式に入ってスタートを切ったあとで、見ず知らずの訪問者が親しげな顔色と和やかな言辞を以て接近せんとしても、既に心の中に幾分か世間への反撥と忌避を蘊醸《うんじょう》しているところの要保護者が、どれほどの親愛と信頼を感じ得るであろうか。而して親愛と信頼の存しないところには、保護の効果は期待出来ないのである。勿論、この親愛と信頼とは幾度かの接触の反覆に依って作り出されなければならないものではあるが、もし最初の接触が不幸にして斯くの如く非人情的であり、しかも既に適当なる時機を逸したとするならば、その後に於いて幾度の接触を繰り返すとも、深い親愛と信頼とを作り出し得ない場合を生ずるであろう。それほどにもこの釈放時というものは輔導上の重要なる契機をなすのであって、釈放時に於いて迅速に充分なる保護を与えるか否かは、一人の更生の成否を半ば決定するものと謂わなければならない。

(二) 釈放時に於ける保護

釈放時に於ける保護は、釈放の態様が、或いは起訴猶予処分、刑執行猶予処分であるか、或いは満期釈放、仮釈放であるかに従ってその方法を異にすべきであるが、いずれの場合に於いても、本人を温かく迎え受けて社会に住みつかせることを旨とし、この機会を活かして精神的安堵を与え、その更生の志を一段と鞏固にさせることが肝要である。これが為めには、釈放官庁の門口まで出向いてこれを迎え受けることの有効なことは言うまでもない。その出迎えの際に、季節の衣類やその他の身廻品、帰住の旅費に至るまでの配慮が必要なことも勿論である。これらの品物は、成るべく本人の家族をして整えしめ、家族の温かい心を本人に感ぜしめることが必要であるが、もしその家族が貧しくてこれを負担することが出来ない場合には、それぞれの関係機関と連絡して適当なる処置を講じなければならない。親、兄弟、妻子、その他の親族がその釈放の場所まで出頭し得るような状態にあるならば、それらの者をして必ず出迎えて心温かくこれを迎えるように、釈放前に予めこれらの家族、親族等と連絡をとっておかなければならぬ。また本人が在郷軍人会や青年団などと関係ある者であるならば、予めそれらの関係者の出迎えを交渉することも大切なことである。

斯くして本人を迎え受けたならば、本人をその帰住の所に落ちつかせなければならない。落ちつかせる為めには種々の斡旋や骨折りが必要であろう。本人に対してはいよいよ世の中に帰った者として、今後世の中に生きて行く者としての心構えをしっかりと据えさせることが肝腎である。時局を説いて徹底的に日本国民たるの自覚を得しむることも必要であり、本人の敬愛する恩師や信頼せる恩人等があるならば、これに面会せしめて訓諭策励《くんゆさくれい》を与えて貰うことも効果的であるし、郷土の神社仏閣や祖先の墓所に額《ぬか》づかせて更生を誓わしめるのも適当であろう。斯様にして本人の心構えを落ちつかせると共に、他方ではその生活を落ちつかせる為めに、或いは家族を諭し、或いは旧の雇主を説き、或いは村人に訴える等、関係各方面に対してのいろいろの諭示、指導、斡旋を必要とするのである。

二　準備的保護（収容中の保護）

釈放時の保護は右の如く大切なものであるが、保護に当たるべき者の居住地と本人の釈放地とが遠隔であったり、保護通知が釈放よりも遅れて為されたりする関係上、釈放時に於いてまたは釈放直後に於いての保護の着手ということが、法規運用上不能なる如く見える場合もある。しかしながら保護に関係する者としては、釈放時の保護の重要なることに鑑みて、その間の間隙を補充する所がなければならないと思う。而してその方便としては、例えば警察に於いて取調べを了し本人を一時宅下げにする場合に、検事局に於いては起訴猶予を申渡す場合に、また裁判所に於いては刑の執行猶予の宣告をする場合に於いて、将来その保護に当たるべき者、例えば司法保護委員の出頭を求めて本人に対する訓誡に立会わしめるというような方法が取られるならば、釈放から保護に至るまでの間際を補うことが出来てその効果も少なからぬものが存するであろう。また受刑者については、本人の入所後然るべき時期に於いて、本人が受刑中であるという事実を将来その保護に関与すべき機関、例えば司法保護委員会に通知（入所通知）し、その入所通知に基づいて司法保護委員は本人受刑中からこれと接触を開始し、釈放後に於ける保護の実効を促進するための諸般の活動を為すことが出来るのである。尤も受刑中の者については、司法保護委員は刑務所からの通知を俟たずともその受刑入所の事実を知り得べきであり、従ってその認知に基づいてこれに対する諸般の保護活動を為し得る次第である。これは猶予者または釈放者にして制規《せいき》の保護通知なきものの存在を認知した場合に於いても同様である。

右のごとくして行わるるところの保護活動は、形式的意味に於いては保護の行為と称するに恰当しない点がある。何故ならば、法規の上では、保護の対象たるものの資格が限定されて居るのであるから（事業法第一条参照）、法規上定められた対象性の存在しないところには法規的意味に於いての保護という行為は存在し得ない。例えば受刑入所中の者は司法保護事業法第一条各号のいずれにも該当しないから、これに対する保護の着手ということは法規の上ではあり得ないわけである。しかしながら、保護の実際の効果を収むる為めには、好機を逸せず斯くの如き時機に於いて保護に着手することが必要であって、敢えて形式の具備を俟つを要しないのである。司法保護委員執務規範はその趣旨を以て「司法保護委員其ノ担当区域内ニ於テ保護ノ必要アル者ヲ認メタルトキハ……遅滞ナク保護ノ準備ヲ為スベシ」（第二十八条）、「司法保護委員ハ其ノ担当区域内ニ居住スル者拘置所刑務所又ハ少年刑務所ニ収容セラレタルトキハ成ルベク其ノ保護ノ為ニ必要ナル調査及《および》連絡ヲ為スベシ」（第二十九条）、「司法保護委員ハ成ルベク拘置所刑務所又《また》ハ少年刑務所ニ収容セラレタル者ノ家族ノ生活状態、隣保及《および》被害者トノ融和状態等ニ関シ慎重配慮シ必要アル場合ニハ関係施設ト連絡シテ適切ナル処置ヲ執ルベシ」（第三十条）と規定して居る。これらの保護行為は、実質的にはすこぶる効果的であり、必要なる保護行為であるが、形式上未だ法規上の保護対象者に対するものでなく、将来の保護の実効を予期する為めの準備行為であるという観点からして、これを保護の準備または準備的保護と称することとしよう。準備的保護は、これを大別して、本人に対する保護と、その家族に対する保護とに分かつことが出来る。

（一）本人に対する保護

もしその本人が、猶予者または釈放者その他法規上保護対象たるべき者であるが、未だ保護通知の手続きに付されていない者である場合には、これを認知したる司法保護委員は、直ちにその事を区司法保護委員会経由にて司法保護委員会に通知すると共に、「遅刻ナク保護ノ準備ヲ為ス」べきである（規範第二十八条）。いわゆる「保護ノ準備」が、本人の前歴、性行、境遇等に関する調査や関係各方面との連絡を含むべきことは言うまでもあるまい。もしまたその本人が拘禁中である場合には、「成ルベク其ノ保護ノ為ニ必要ナル調査及連絡ヲ為ス」べきである（規範第二十九条）。いわゆる「調査及連絡」の内容は相当複雑多岐に亙るべきであろう。本人の拘禁されている拘置所または刑務所が近いならばこれを訪れ、また遠隔の地であるならば書信を以ってしてもこれと接触を図り、親愛と信頼の雰囲気の中にその改過遷善《かいかせんぜん》を促進し、再生への勇気づけをしてやることが大切である。金品の差し入れも場合に依っては必要であろうし、本人の拘禁前の生活環境に働きかけて、或いは本人が関係者に与えた物心両面の損害を処理し、或いは郷隣保の本人に対する悪感情を宥和《ゆうわ》することも必要である。これがためには、警察その他の官公署や、社会教化に関する諸施設或いは宗教団体などと連絡をとって、その助けを得ることも肝要であろう。特に留意しなければならないのは、本人とその家庭との間の融和共助に関する問題である。世間では、家族の中から犯罪者を出した場合には、本人に対する憤懣《ふんまん》または世間に対する気兼ねからしてこれと絶縁し、棄てて顧みないという態度をとる者も少なくないのである。その心情については同情すべきものがあるが、このような家庭との疎隔背離《そかくはいり》が、本人をして一層の自棄に陥らしめて受刑中の遷善の妨げとなるのみならず、釈放後に於ける更生を妨ぐる悪条件となることは明らかである。斯様な場合、その父兄の態度は我が国に於ける家族制度の精神からしても批判せらるべきものを含んで居るのであるから、保護に当たる者は、斯様な場合には家庭に向かって道理を説き、人倫を諭し、保護精神を理解せしめて、本人と家庭との感情の融和を図り、保護者を誘導して本人の更生に協力するの態度に至らしむることを要する。また釈放が近づいたならば、本人の為めに適当なる保護引受人を発見し、これをして引受の準備を為さしむることも必要であるし、釈放後の生活に備えて就職口の開拓その他の配慮を必要とする場合も多いのである。

(二) 家族保護

次には家族に対する保護である。拘禁中の者にとって最大の関心事は、大ていの場合家族のことである。これが受刑者の精神生活に影響することは実に深刻なるものがある。家族は彼等の希望であり、彼等の改善と社会復帰の最もよき契機である。家族の生活を健全なる状態に確保することは、拘禁中の者に深い安心を与え、将来への希望をつながしめる所以であって、本人の保護準備上最も緊要な事柄であると謂わねばならない。

拘禁せられた者が、その家族にとっては世帯主であるか、または家族の生活を維持する上に重要なる地位にある者である場合に於いては、本人の拘禁に依り、その家族は忽ち生活困難の悲惨なる状態に当面せざるを得ないのである。もしこれを放任するならば、拘禁中の者に対し、これを放任する世間への憤懣や、反撥や、絶望感を生ぜしめて、彼の改過遷善の支障となるのみならず、釈放後に於いて秩序ある生活に復帰する上の障碍となるのである。それ故、保方面事業その他福利救済施設と協調連絡して、職業の斡旋救済或いは救護の斡旋を為すことに努めなければならない。必要にして相当と認められる場合には、救護法の外、母子保護法、軍事扶助法、結核予防法その他の救済法規に依る救済をも得しむるように、関係施設と連絡して適切なる措置を講ずべきである（規範十七条）。なお、拘禁中の者の配偶者が、十三歳以下の子供を擁し、貧困のため生活すること能わず、またはその子を養育すること能わざる場合に於いては、母子保護法に依って各種の扶助を受くることになって居るのであるから、司法保護の立場に在る者は、これらの扶助を得しむると共に、これらの扶助の及び得ざる輔導教化の領域に於いても遺憾なきを期せねばならない。

同時に忘れてならないことは、その家族と「近隣及被害者トノ融和状態」である。拘禁中の者の家族は、被害者は固より近隣の者から憎悪或いは蔑視の眼を以て隔絶せられ易いのみならず、その家族の側からも世間を近寄り難く感じ、其処に悲しむべき障碍の年ずることが多いのであるから、保護に当たる者は、その間に立ち、家族を慰撫策励すると共にこれを近隣および被害者と融和せしめ、以て、本人の釈放後の更生生活の地盤を用意しなければならない。

家族に対する保護に於いて最も肝要なことは、家族の道徳性の確保または再建である。家族保護の眼目は、健全なる家族生活を確保して本人に感激と安心を与え、やがて、其処に本人を迎え入れて更生の本拠たらしむることに存するのであって、生活に対する救済や、援護や、環境との融和調停も、すべてその心持を以て為さるべきものであることは論ずるまでもない。拘禁中の者の家庭は、経済的乃至社会的に救済を要するのみならず、道徳的にも危険なる状態にあることが少なくないのである。これを輔導教化し、これに道徳的安定を与えて、本人と家族との間に融和と信頼を確立することは、家族保護の眼目でなければならない。斯くして浄化せられ、補強せられた家庭こそは、本人の拘禁中に於いては本人を勇気づける源泉となり、釈放後に於いては更生の為めの真に頼るべき拠点となり得るのである。

第五節　陶冶と生活の安定

輔導の目的は、保護の本旨に従って対象者を忠良なる臣民に錬成することにあるが、この目的に従い、輔導は物心両面に亙って遺憾なきを期しなければならぬ。すなわち一面に於いてはその人格を陶冶すると共に、他面に於いてはその生活を安定せしむることに注意しなければならない。謂うまでもなく、忠良なる臣民の本質は、臣民の道を常住実践し得るところの日本臣民たるの人格に帰するのであるから、輔導に於いて肝腎なことは、日本臣民的人格を錬成することとそのことに存するのであるが、しかし人格というものは、観念的には兎も角として、現実的には生活を離れては存しないのであるから、健全なる人格を育成するためには生活を健全ならしめることが必要なのである。それ故、輔導の内容は、人格の陶冶と生活の援護との両面に亙ることを要する。

一　性格の陶冶

（一）臣道実践的人生観の確立

輔導に依って、常住皇国臣民の道を践んで誤まらざる健全にして強靭なる性格をつくりあげる為めには、対象者の性情を改善すると共に、健全なる徳性を涵養せしむることが必要であるが、それと共に、しかもそれよりも一層大切なことは、臣道実践を中核とする人生観の確立である。すなわち、皇国臣民たるの自覚を持たせ、臣道実践者たるの覚悟を把持《はじ》せしむることである。実に臣道実践の自覚こそは日本人たるの本質をなすものあり、日本国民の日常行動の根拠たるべきものである。健全なる道徳意識といい、堅実なる生活態度というも、すべてこの臣道実践の自覚を基礎として築かるべきものであることは、多言を要しないところである。而してこの臣道実践を中核とする人生観確立の方法は、具体的には人に依り場合に依って異なることを要するであろうが、恒《つね》に渝《かわ》るべからざる主眼点として、団体の本義に徹せしめ報国の至誠に起たしむることを忘れてはならない。すなわち日本人的人生観の確立の為めには、世界に比なき我が国体の精華が、列聖の御仁慈八紘《はっこう》に普《あまね》く、億兆一心聖徳を服膺《ふくよう》して天業を翼賛し奉れる伝統の中に存することを、深く心肝に銘せしめ、生命の淵源と人生の意義を味得せしめて報恩感謝の念を誘起し、大君の辺にこそ死なめのまごころを見出さしむることを第一義とせねばならぬ。司法保護委員執務規範が、輔導の心得の第一項に於いて、「本人ヲ誘掖シテ忠良ナル臣民ノ道ヲ自覚セシメ」るべきことを強調しているのも、その趣旨に外ならないのである。

臣道実践的人生観の確立は、多くの対象者に於いては、人生観の革命を伴わねばならない。多くの対象者は、人生というものは太く短く渡るべきものだという謬《あやま》れる英雄主義に陶酔しているのであるが、このような誤れる英雄主義こそは正に臣道実践的人生観と対蹠をなすものである。臣道実践的人生観を確立せしむる為めにはまずこの偽造英雄主義が破砕されねばならない。

(二) 性情の改善と徳性の涵養 ［註・原書の通し番号（三）を（二）に修正］

臣道実践的人生観の確立は、固より観念の世界にとどめしむべきではなく、直ちにこれを実践の世界に移して、一面に於いては性情改善の向導原理となし、健全なる道徳意識を形成し、堅実なる生活態度を確立するの基礎たらしめると共に、他面に於いては諸々の徳性を涵養するの地質としなければならない。短気、癇癪《かんしゃく》、残忍、粗暴、不平、反撥、優柔、陰険、我儘、強情、狡猾、横着、軽躁、興奮、怠惰、放縦、執拗、軽率、虚偽、依頼心が強く、飽き易く、猜疑深く、移り気だ等々といったような、或いは不安定な情意の状態、或いは不良の性質性格が、直接間接に犯罪の原因となって臣道背離を導いていることを考えるならば、斯かる性情の改善が臣道実践的性格の建設の為め如何に必要であるかは、多言を須《もち》いずして明瞭であろう。而して斯くの如き性情の改善は、生活から離れて行われ得るものではない。性情改善の努力は、その反面に於いて健全なる道徳意識の建設を伴い、堅実なる生活態度の建設を随え、これらと併行し、或いは表裏一体となって行われるときに、始めて目的を達し得るものである。故に輔導に於いては、本人を誘掖して忠良なる臣民の道を自覚せしめ、その性情を改善し、健全なる道徳意識と堅実なる生活態度とを涵養せしむる努力が、表裏し連関して行われねばならない（規範第十五条一項）。

勿論、性情の改善は、性格の錬成の一要素たるに過ぎない。臣道実践的性格は、単に悪事を為さずして善事を思うという程度にとどまってはならないのであって、現実に臣道を実践し得る性格であり職域奉公の生活を為す力ある性格であることを必要とする。これが為めには、勤勉、規律、誠実、協同、自律、克己、親切、細心果断、堅忍持久、勇気、快活、その他、現実の生活を強く正しく切り進んでゆくに必要なる徳性を具備せしむることが必要である。保護対象者は、ともすれば、その自堕落なる習慣と困難なる社会的境遇に打負かされて挫折し易く、卑屈に堕し易く、なかなか堅実明朗なる希望の生活には入り難いのであるから、その誘導は並々ならず骨の折れることであり、非常の熱意を要することであるが、これが、同胞救済の実を収めるか否かの岐れるところであるから、保護に当たる者は、不退転の熱意を以てその指導に当たり、随時これを慰撫激励して自立向上の精神を把持せしめ、勤労貯蓄の習慣その他堅実なる生活を営むに必要なる徳性を馴致せしむることに努めなければならぬ（規範第十五条第二項）。

右のような意味に於ける性情の改善および徳性の改善が、個々の具体的対象について如何に行わるべきかは、千態万様、相手によって工夫を異にすべきところであって、一律一概に言い得ないことは勿論であるが、概して、正面から抑えつけるような訓誡や、引摺《ひきず》るような指導は、功を奏しない場合が多いことに注意しなければならない。従って教訓的態度よりは寧ろ誘掖的態度が望ましく、指導というよりは寧ろ薫化の心持がふさわしいのである。

(三) 行状の観察

輔導に於いては、右の如く、教訓よりは誘掖が、指導よりは薫化が重んぜられねばならないが、しかし、斯くの如くにして性格錬成の実果を収め得る為めには、最小限度の要講として、本人が合法的生活の常軌を逸脱しないことを必要とする。それ故、保護に当たる者は常に本人の動静に充分の注意を払って、その逸脱を警戒しなければならないのである。その方法としては、或いは訪問に依り、通信に依り、或いは本人を招致しまたは本人周囲の者と連絡を保ってこれをして動静の観察をなさしむるなど、適当の頻度と距離に於いて接触を保ち、随時必要なる諭示、戒告或いは援助を与うべきである(規範第十四条)。斯様な心理的拘束は、よしや被保護者の好まぬところであるにしても、それを好まぬことが必要の存する所以であるとも見なければならぬのであって、それだけに効果も期待することが出来るのである。ただその心理的拘束が単なる拘束として被保護者の心に映るならば、忌避と反撥とを招くにとどまるのであるから、この点は特に注意しなければならない。観察の為めの観察、拘束の為めの拘束に陥らず、どこまでも本人の改善という目的を忘れないと共に、人情の機微に適合することが肝要である。

輔導中本人が旅行をするときには、必要ありと認めたならば、その旅行の理由、行先地、旅行日数を申し出でしめ、出発に先だち必要なる注意を与えて過誤の発生を予防するに努め、また旅行を了って帰ったときには、出来るだけその旅行の経過、旅行中の出来事を報告せしめて輔導上の参考にしなければならぬ（規範第二十条）。

二　生活の援護

前にも述べたように、健全なる性格を錬成する為めには健全なる生活を得しむることが必要であるから、保護に当たる者は、常に本人の生活の推移に留意し、その生活にして安定せざるものと認むるときには、原因を究明してこれが匡救の措置を講じなければならぬ。生活の安定は、およそ三つの側面よりこれを規整しなければならぬ。すなわち生活の扶助、生業の助成、および環境の調整である（規範第十五条第三号、規則第二条第二項）。

（一）生活の扶助

いわゆる生活の扶助とは、最小限度の生活を得しむる為めに施与救済を為すことを謂う。本人を輔導する上から、これに金銭もしくは物品を給与し、または医療を受けしむるの必要があるときには、その必要の程度に応じて配意《はいい》しなければならぬ（規範第十五条第三号）。本人またはその家族にして、救護法、母子保護法、軍事扶助法、結核予防法、その他の救済法規に依り救済を受け得べきものについては、救済の種類、程度および方法等を考究し、関係施設と連絡して適切なる措置を講ずべきである（規範第十七条）。これについて特に注意しなければならぬことは、「その必要の程度に応じて」ということである。濫救《らんきゅう》に陥ってはならないのである。金銭を与えるにも物品を与えるにも、または医療の斡旋を為すにも、必要の程度を客観的に測定してその程度を超えないようにし、これを与うることに依って更生の歩みを一歩前進せしむることを期しなければならぬ。もし濫救に陥るならば、徒らに依頼心を増長せしめ、自力更生の精神を損うに過ぎず、保護の本旨に悖《もと》ることとなる。扶助は畢竟更生の手段であるから、手段として必要なる程度に与うることが大切である。扶助を受けることを被保護者の権利なるかの如く考える余地を与えてはならない。

(二) 生業の助成

生業の助成が生活の安定を図る上の最大の事件であるのみならず、臣道実践の方法として職域奉公の誠を捧げしむる為め、生業に関する指導助成の緊要なることは論を俟たない。されば輔導に於いては、本人が職業に従事して居る場合ならば、その職業の適否、その職業に対する本人の意向、勤怠の状況、技術の程度および成績、被傭者ならば雇傭者および同僚との関係の良否、営業ならばその事業成績、或いは第三者の評判等について常に留意し、必要なる指導を与えて職域奉公の誠を捧げしめなければならぬ(規範第十五条四号)。本人がもし生業を有しないならば、特に意を用いて自暴自棄に陥らしめざることを期し、速やかに職業紹介、授産その他の社会施設と連絡をとり、適当なる職業を与えて衣食の道を得しむべきである(同第十五条第五号)。本人を生業に就かしむる為めに、資金、器具および資料の給与もしくは貸与を為すの必要があるか、または技能を授くるの必要があるときには、その必要の程度を量り関係施設と連絡してこれを受けしむるに努めねばならぬ(同第十五条第六号)。

職業の指導につき注意を要することの一つは適職の選定ということである。技能の輔導に於いても、就職の斡旋に於いても、本人の有する性能的特徴、教育程度、健康状態、家族関係等を考慮して適職に配置することが必要であって、もしそうでなく、手当たり次第の職業を授けるというような方法をとるならば、折角の職業も永続きせず、生活の安定にも性格の矯正にも役立たず、やがて転々と職業を転じて再犯の危険に陥るの結果ともなるのである。この場合、要保護者は一般に元来倦《あ》き易い性格のものであることも、充分考慮しなくてはならない。

生業助成の一方法として、収容保護の場合に於けるいわゆる作業がある。作業を課する目的は常に一様ではなく、或る対象者に対しては、他日職業生活に入る準備として技能を習得せしむることを目的とし、或る対象者に対しては、生業資金を貯蓄造成せしむることを目的とし、また対象者の年齢、健康、性格等に依っては永久にその作業場に於いて生活せしむることを目的とする場合もあり得る。その目的の如何に依って、作業の種類、規模、態様は自ら工夫あるべきところである。対象者の年齢、性格等諸般の状況がこれを普通の職業生活に入らしむるに適しないならば、作業場を以て永久の職場となさしむることも意味あることであるが、原則としては、収容保護に於ける作業は他日普通の職業生活に入るの準備たらしむることが相当である。

次に就職斡旋の問題は、今なお一般世人のこれに対する理解が乏しいために、斯業関係者の断えざる努力にも拘らず、常に非常なる困難に遭遇する問題である。従来この困難を回避する為め、犯罪の前歴を憚《はばか》って就職せしむる事例があったようであるが、そのような不公明な方法は、保護の精神と相容れざるのみならず、結果に於いても必ずしも面白くはない。保護を受くる者の心構えは、犯罪の前歴を常に自覚しつつ贖罪と報謝《ほうしゃ》の為め更生の努力を為すところに存すべきであり、その前歴を知って本人の更生の努力に同情し、これを援護するところに司法保護の特色もあり、その妙味も発揮せらるべきである。従って就職斡旋の努力に於いては、斯くの如き司法保護の真精神を職業紹介機関、授産施設、または雇傭者等に鼓吹し、普及し徹底せしめて、この司法保護に対する真に理解ある協力者を獲得することに努めなければならない。嘘も方便というごとき観念は、これを抱く者の徳性を傷つくること夥しいものであって、少なくとも正義の府たる司法部に於いて掌るところの保護事業に於いては到底これを認容《にんよう》することは出来ないのである。

(三) 環境の調整

環境の調整は、司法保護に於いては特に重要なる意義を有する。蓋し司法保護の事は、環境から除斥せられ、またはこれから離反した者を再びこれに復帰させ、再編入することを本質的部分とするものだからである。本人の環境をなすところの家族、親族、雇傭者、隣人または被害者等と本人との間には感情の蟠《わだかま》りや意志の葛藤があり、矛盾相剋に包まれている場合が多い。これらの不調和の原因は、或いは環境の側にあり、或いは本人の側にあり、或いは両者の間に存するのであるが、いずれにしても本人をその環境に落ち着かせるためには、その原因を艾除《がいじょ》し、またはその関係を調整して、諧和敦睦《かいわとんぼく》の実を挙げしむるの必要がある。また、本人とその環境との間には矛盾も不調和もないが、その環境自体が不健全であり悖徳的《はいとくてき》であって、本人を救うためには必ずその環境を是正する必要の存する場合もある。例えば交友関係の不良にしてなかなかに断ち難き場合、或いは地区の風習の不良なる場合等の如きである。それ故輔導に於いては常に、本人とその家族、親族、雇傭者、隣保または被害者等との融和につき深く留意し、その関係を調整して諧和敦睦の実を挙げしむることに努め、本人の住居、交友、保護者との関係その他の事情にして本人の為め適当ならずと思料するときは、保護者その他必要なる機関と協議して適当の措置を講じなければならぬ（規範第十八条同第十九条）。またもし本人が家庭を為すに適するものであるならば、これを保護して家庭を形成せしめ、世帯を訓練して家族制度の美風を体得せしむることが肝要である（規範第十六条）。家庭を与うることは、常習犯人を改善せしむる最も有力なる手段となるのである。

第六節　司法保護委員の任務

一　郷党の保護機関として

（一）司法保護委員制度の意義

司法保護委員の任務は、司法保護事業法第一条に掲ぐる者の保護を行うことにある（委員令第一条）。司法保護委員はその任務を遂行する為め、保護を受くべき者の性行および境遇を調査し、その性格の陶冶および生活の安定を図ることを要するのであるが（委員令第二条）、しかし単に司法保護委員会から通知を受けた対象者の観察保護に従うだけが、右の任務遂行の為め尽すべき方法の全部ではない。もし司法保護委員の職務が、単に観察保護に従うことのみを以て足りるならば、司法保護委員の選任につき、一村一郷の代表者を簡抜《かんばつ》するの方針をとることはその意義の一半を失うこととなるであろう。司法保護委員は、その進退の形式は上からの任免に従うものであるが、実質的には郷党の保護機能の代表機関たるべきものである。

隣保相扶《りんぼそうふ》の精神が我が国伝来の美風であり、我が国の強靭なる社会組織の根帯をなしていることは謂うまでもないところであって、郷党に一人の落伍者なからんことを期して互いに扶け合い、もし落伍者が出た場合にはこれに手を貸して救済するのはすなわち我が国伝統の郷党精神である。言い換うれば、我が国の郷村には、伝統的にまた自然的に、保護の精神が存在するのである。この伝統的にまた自然的に存在するところの保護の精神は、或いは顕在的であり或いは潜在的であるのであるが、これを現実に顕現せしめ、発動せしめ、組織する作用を担当する機関が、すなわち司法保護委員に外ならないのである。更に言えば、担当区域内に自然に存在し、また当然に存在すべき保護の精神を、一身に体現してその発動に遺憾なからしめ、斯くして担当区域内に於ける保護の完璧を図るのが、司法保護委員の職責なのである。

（二）保護事務

従って司法保護委員は、担任区域内に於ける要保護者につき、保護通知があった場合に遺漏《いろう》なくその保護を為すべきは勿論、その担当区域内に居住する者が拘置所、刑務所または少年刑務所に収容せられたときには、成るべくその保護の為めに必要なる調査および連絡を為し、またそれら収容者の家族の生活状態、隣人および被保護者との融和状態等に関し慎重配慮することは、当然その職務に属するものと謂わなければならぬ（規範第二十九条同第三十条参照）。またその担当区域内に於いて保護の要ある者を認めたときには、その者に対する保護に遺憾なからしむる為め、直ちにこれを保護に付するの手続きをとると共に、遅滞なく保護の準備を為すべきことも当然である（規範第二十八条）。

(三) 保護精神の扶植とその組織化

さて右の如くして担当区域内に於ける保護の遂行に努むるとき、その保護の遂行が円滑に且つ効果的である為には、相当区域内に隈なく保護の精神が浸透し脈動して居ることが必要である。されば司法保護委員は、常に担当区域内の居住者に対して司法保護の精神を扶植し、司法保護者業に対する協働意識を普及することに努めなければならぬ（規範第三十一条）。保護精神を郷党に扶植するの方法については、実情に応じて種々工夫あるべきところであるが、此処には参考として、既に明治三十七年九月徳島県に於いて発布された出獄人保護取扱協約の一部を抄録するにとどめよう。曰く、

一、出獄人ニ対シ一般住民ニ於テ忌避悖徳スル弊害アルハ再犯防遏ノ一大障碍ナルヲ以テ之ガ観念ヲ排除スルコトヲ勉ムルコト

一、郡市町村ニ於テ衛生其他各種ノ講話会開催ニ際シテハ之ヲ利用シテ出獄人ニ対スル同情ヲ喚起シ其ノ保護誘導ノ必要ヲ説示スルコトニ勉ムルコト

一、郡市町村長ハ一般人民ニ対シ職業ノ紹介ヲ為スハ勿論、其部内公共ノ労役ニハ努メテ出獄人ヲ使役スルコト

と。以て郷党に於ける保護思想扶植の必要性と共に、郷党に於ける保護の共同責任が、既に早くから認識されていたことを知るべきである。

（四）助成機関の問題

斯くの如く保護が郷党の共同責務であるならば、これに要するところの費用もまた郷党に於いて当然負担すべき筋合のものであることが認められねばならない。郷党に於ける保護の機関たる司法保護委員を助けて保護の完璧を期せしむることは郷党の任務であると謂わねばならぬ。この意味に於いて、司法保護委員の保護活動に要する費用を郷党の一致を以て賄うところの司法保護委員事業助成機関の設立が考えられるのである。司法保護委員事業助成機関は、現在に於いては保護区を単位としてか、または司法保護委員会の全管内を単位として各地に構成されて居る。既に組織を了ったものの数を挙ぐれば保護区を単位とするもの三二九、司法保護委員会の全管内に亙るもの八である（昭和十五年十一月末現在）。これら大小の司法保護委員事業助成機関は、いずれも郷党に於ける保護精神の具体的結晶と見ることが出来るのである。また斯かるものとして組織し運営すべきものである。而して郷党の保護精神をこのような組織にまで結晶せしめ、且つこの組織をして常に生々と活動せしむることは、これまた郷党の保護機関たる司法保護委員の任務でなければならない。

二　公務員として

斯くの如く郷党内に於ける保護は郷党の任務であり、司法保護委員は郷党の保護機関たる任務を有するものであるが、同時にまた司法保護は本来国家の仕事であることを忘れてはならない。この様に司法保護が郷党の仕事であると同時に国家の公務であるということは、我が国の万民一家の国柄に淵由するものであって、正確に言えば、保護は国家の公務であるが故に郷党の責務であり、郷党の責務であるが故に国家の公務である。それ故に司法保護委員は郷党の機関であると同時に国家の公務員たるの実質を同時に具備するのである。司法保護委員たるものは、その掌るところの保護事務が君国の公務であり、自分はすなわち公務員であることを常に自覚していなければならないのであって、この自覚に立つとき、司法保護委員は当然に、個人的恣意的な心持を払拭《ふっしょく》し、共同一致の精神を以て互いに連絡協調を保ち、保護の完遂に努力すべきは勿論（規範第八条）、また司法部の官庁および司法保護団体と常に密接なる連絡を保ち、互いにその国家から付託せられたる機能を扶くることに力むべきことは当然である（規範第九条）。

これらの連絡共助は、司法保護委員の職務の本質上当然に心掛けられねばならぬ事柄であるのみならず、保護の実際上、その円滑を図り、その効果を確保する為めの必要事でもある。蓋し、保護の仕事は関連するところがすこぶる複雑多岐であるから、各司法保護委員の単独の努力を以てしてはその実効を収むることが困難であるからである。同様の趣旨に於いて、司法保護委員は警察その他官公署並びに社会教化および福利厚生に関する諸施設と常に連絡を保ち、必要なる共助を得ることに努めなければならない（規範第十条）。

三　事務上の二、三の心得

司法保護委員が観察保護中の本人につき収容保護を為すべき事情があると認めたとき、本人につき住居の変更、所在不明、死亡その他重要なる事項の生じたとき、本人につき輔導を開始して二年を経過したとき、また二年を経過せずとも既に保護の目的を達したものと認めたときには、いずれもこれを区司法保護委員会に通知すべきことは、前述の通りである。その各場合の取扱い方についても前に述べた。

輔導の経過中に於いて本人に関して認知した事項および輔導の経過は、詳細に司法保護票およびその継続用紙に記載し、輔導を了った場合には、この司法保護票は輔導終了の旨を記入して直ちに司法保護委員会に提出しなければならぬ（規範第二十五条、同第二十七条）。

これら各場合に於ける報告の様式文例については別段の規定はない。司法保護委員会の中にはその形式を定め、印刷に付して各司法保護委員の便宜に供しているところもある。富山司法保護委員会に於いて使用している文例を参考のため掲ぐれば左の如くである。

まず司法保護委員会は釈放官庁から保護通知を受けた場合、その他観察保護の開始を必要と認むる場合には当該区司法保護委員会に宛て「観察保護通知」を発するのであるが、その文例は「左記保護票及送付候条《そうふにおよびそうろうじょう》至急担任司法保護委員ヲ定メ保護開始相成度候也《あいなりたくそうろうなり》」として「被観察保護者」の「種別、現住地、氏名」を記入し、司法保護票と併送するのである。これに依って区司法保護委員会から司法保護票の送付を受けた司法保護委員が、輔導を開始すると共に司法保護委員会に宛て為すべき「保護開始報告」は、右の「観察保護通知」に対応して――

保護開始報告――（と標記して）上記保護通知相成候ニ付執務規範第十二条ニ依リ輔導参考事項調査ノ上本日ヨリ保護開始　仕候条《つかまつりそうろうじょう》此段及報告《ほうこくにおよび》候也

本人所在不明その他の事由に依り観察保護を開始し得ない場合には

観察保護開始不能ノ件――（と標記し次に要保護者の住所氏名を記して）右者ニ対シ司法保護票ニ依リ保護通知相成候処左記事由ニ因リ保護開始不能ニ有之《これあり》候条関係書類添付此段及報告《ほうこくにおよび》候（次に「記」として事由を記載すること）

以下各場合に応じて――

観察保護不能ノ件――（と標記し次に要保護者の住所氏名を記して）右者ニ対シ観察保護実施中ノ処今般左記事由発生シ輔導不能ト相成候条司法保護票添付此段及報告《ほうこくにおよび》候（次に「記」として事由――例えば何月何日より行方不明の旨――を記載すること）

要保護者転住ノ件――（と標記し要保護者氏名を記すこと前に同じ）右者に対シ観察保護実施中ノ処今般左記へ転住シタルヲ以テ当該司法保護委員会へ移牒有之度《これありたく》司法保護票添付此段及報告《ほうこくにおよび》候（次に「記」とし転住先を記載）

観察保護解除ニ関スル件――（同右）右者ニ対シ予テ観察保護実施中ノ処今般別紙司法保護票並《ならびに》関係書類記載ノ如ク保護ノ目的ヲ達シタルモノト思料候条右保護ノ解除ヲ為スベキヤ否ヤニ付審査相成度《あいなりたく》此段及通知《つうちにおよび》候（本件は区司法保護委員会宛）

観察保護終了ノ件――（同右）右者ニ対シ観察保護実施中ノ処今般左記事由ニ因リ輔導終了候保司法保護票並《ならびに》関係書類相添へ《え》此段及報告《ほうこくにおよび》候

収容保護ニ関スル件――（同右）右者ニ対シ予テ観察保護実施中ノ処今般左記事由ニ因リ収容保護ヲ為スベキヲ適当ト思料候条司法保護票相添へ《え》此段及通知《つうちにおよび》候（区司法保護委員会宛）

担当区域内に於いて観察保護に付すべき者あることを認知したる場合および保護に関する調査を依頼せられたる場合の通知および回答はそれぞれ

要観察保護者ニ関スル件――（と標記し次に要保護者の住所および氏名を記して）右者左記事由ニ依リ観察保護ニ付スルヲ相当ト思料候条保護ヲ為スベキカ否ニ付何分ノ指示有之度《これありたく》此段及通知《つうちにおよび》候（次に「記」として事由を記すこと）

保護ニ関スル事項調査ノ件同答――（と標記し本人の住所および氏名を記して）右者ニ就キ保護ニ関スル事項調査方委嘱ノ件調査ヲ遂ゲ候処別紙ノ通《とおり》ニ有之《これあり》此段及回答《かいとうにおよび》候

自己の担当に属して観察保護を為した対象者が、成績良好にして観察保護を解除された場合に於いては、その解除の後に於いても本人の動静について常に留意し、本人の一身上の相談等に対しては懇切なる指導を与え、更生の成果を確保させることは、司法保護委員としては当然の心遣いである。もしそれが釈放者であって、刑の執行を終わり、または刑の執行の免除ありたる日より満三年を経過して、素行も落ちつき生活も安定し、社会の信用も高まったならば、刑の言渡を為したる裁判所の検事は恩赦令第十五条の規定に依り司法大臣に復権の申立をすることが出来るから、司法保護委員はその点につき関係検事と連絡をとって本人のため尽力すべきであろう。

第七節　司法保護団体の任務

一　社会復帰の援助

猶予者保護団体および釈放者保護団体の任務は、猶予者または釈放者に対して一時保護または収容保護を施すことにある。前に述べたように、一時保護は社会復帰の一段階に於いて応急的に必要なる一時的輔導を与うることを旨とし、収容保護は社会生活に必要なる準備を為さしむるものである。両者共に本人の釈放から帰住までの過程に於いてこれを援助指導することを眼目とするのであって、この帰住、すなわち社会に住みつくことに対する援助が、猶予者および釈放者の保護に於ける司法保護団体の任務であると見なければならない。

猶予者および釈放者の釈放時に於ける状況を見ると、釈放と同時に直ちに父母、妻子、親族または旧主、友人等の手に引き取られて健実な生活への更生の第一歩を踏み出し得る境遇にあるものもあるが、その多くは、釈放されて帰住すべき家を持たない者、家はあっても家族や親族から寄せつけられず、または世間の手前を憚って帰住することの出来ない者、或いは本人は帰住する意思であっても郷党に於ける信用の失墜、関係者との間の感情の蟠り、本人の健康の障碍その他、保護上の理由からして即時帰住せしむることを適当としない者、或いは所持金不足等の理由に依り独力では帰住し得ない者、帰住の意志に疑いある者など、種々雑多である。釈放と同時に普通の社会生活に住みつき得る者に対しては、或いは全く保護の必要の存しない場合もあり、或いは住みついた後に於いてその地区の司法保護委員の観察保護を受けしむるを適当とする者もあるが、いずれにしてもこれは司法保護団体の手を煩わすを要しないものである。これに反し、諸種《しょしゅ》の事情に依り釈放後直ちに社会に住みつき得ない者に対しては、これを放任するときはやがて無頼浮浪の境涯に堕して再犯の危険に曝《さら》される虞が濃厚であり、さればとてこれを直ちに司法保護委員の保護に委せることは事情が許さない。これらの者に対して保護を加え、その逸脱を制御し社会への復帰を援護し促進することが、すなわち猶予者および釈放者保護団体に与えられた任務であると謂わなければならぬ。

二　一時保護

釈放の時、何らかの事由により何らかの援助を与うる必要ある者については、釈放官庁は釈放地の司法保護団体に対し保護の通知を発する。保護通知を受けた司法保護団体は、当該釈放官庁まで出頭して本人の身柄を引き取り、もし本人が確実なる帰住先を有するならばこれを速やかに帰住せしむる為めに、或いは停車場まで同行して帰住先までの乗車券を買い与え、或いは帰住先まで同行して縁故者等に本人を引渡し、また或る場合には家族故旧などが本人を引き取りに来るまで宿泊その他の世話をする等の方法を講ずるのである。しかしもし本人が確実なる帰住先を有しないならば、本人の事情に依り、或いはこれを速やかに就職させて社会生活に入らしめ、または相当の期間に亘《わた》り収容保護を加えるの必要があるのである。

就職させて社会生活に入らしめるについては、就職の斡旋をなし、就職先の如何によっては職業用の器具などを給貸与または斡旋し、或いは融和調停の労をとり、通勤に必要な交通費や弁当代を最初の賃銀を受け取るまで立替えてやり、住み込み奉公ならば寝衣を調えて与えるなど、事情に応じて種々の保護授助を与える必要がある。その保護の態様は固より千差万別であるが、試みに比較的普通の方法を挙ぐれば、釈放時に釈放官庁まで出迎えて引き取ること、保護者の出迎えを斡旋すること、旅費や時衣などの送付を斡旋すること、旅費、衣食、雑品などを給与または貸与すること、一時宿泊せしむること、鉄道乗車賃割引証を交付すること、身柄を保護者に引渡すこと、家族との融和を図ること、親族、隣人、被害者などとの融和を促進すること、医療を斡旋すること、居宅を斡旋すること、就職の斡旋をすること、開業につき資金、器具、資料などを給与または貸与すること、技術習得の便宜を斡旋すること、内職や副業を斡旋すること、社会厚生施設を紹介すること、個人に紹介すること、等々まことに複雑多岐である。

司法保護団体は、これらの一時保護を為した場合には、その本人の氏名、性別、年齢、犯数、保護通知官庁名、釈放年月日および事由、一時保護を与えた時期、その保護の方法等を毎月取りまとめ、司法大臣に報告しなければならぬ（規則第五十一条）。

三　収容保護の必要

右の如く猶予者保護団体または釈放者保護団体に於いて行うところの一時保護が、猶予者または釈放者の社会復帰を促進または確保する上に於いて如何に重要なる作用を営むかは論ずるまでもない所であって、この点に於ける司法保護団体の役割はすこぶる重要なるものが存するのである。従来の司法保護団体の中には、斯くの如き一時保護の方法に依って釈放官庁と社会との中間に立ち、釈放者の身柄一時引き取りと就職の斡旋とを主なる仕事としていたものも少なくないのであるが、これらの一時保護は無くては済まぬ方便であって、従ってこれらの一時保護のみを専門とする猶予者保護団体または釈放者保護団体の存在の意義には疑問の余地はないのである。

しかしながら、保護対象者を本当に社会に住みつかせるという保護の目的から見るならば、右の如き一時保護を以てしては甚だ不十分と謂うべき場合が多い。その理由は、保護対象者の中には、生活能力に於いて余りにも乏しく、社会生活の適性に於いて余りにも欠けている者が多いからである。健康上の理由に依り生活困難を予想される者もある。そうでないにしても、これらの者は職業生活に必要な技術も経験も身につけて居らず、勤労の精神にも乏しく堅忍持久の精神力にも欠けて居るのみならず、あまつさえ、久しきに亘り正常の社会生活から逸脱し、または隔離された特殊の生活の中にあった為め、普通の生活の様式に馴染むためにも相当の努力を必要とする状態である。たとい一時的保護に依ってこれに住居を与え、職業を与えても、余程の抑制と指導がない限り、再び無職浮浪の境涯に陥る危険を背負って居り、これを完全に社会に落ち着かせる為めには、司法保護委員の観察保護を以てしてはなお足りない、というよりは観察保護の対象たり得ない状況にあるのであって、これに対してはまず一定期間相当強度の庇護の下に生活の能力と社会生活の適性とを涵養せしむることが必要である。殊にこれらの者は釈放時に於いては身体容貌にさえも過去の暗い生活の陰影を曳《ひ》いているのであるから、これに一定期間安住の地を与えて衣食の不安を免れしむると共に過去の暗い生活からの脱皮を行わせ、社会生活の能力を恢復または錬成せしむると共に生活様式の訓練をも施さなければならないのである。その上また上述の如く、猶予者および釈放者の中には、環境の荒廃甚だしく、或いは家庭を失い、或いはこれを失わずとするも家庭に容れられず、その他頼るべき寄辺もなく落ちつくに所なき者が少なくないのである。これらの者に対し単に釈放時の一時保護のみを与えて後を顧みないが如きは、再犯の危険に突き落とすにも等しい。さればとて観察保護を与うるにはまだ適しないのであるから、どうしても当座の憩いどころを与え再起の準備を整える根城を与えなければならないのである。ここに司法保護団体の収容保護の重要なる役割が存する。

司法保護団体の二つの機能たる一時保護と収容保護とは、右に述べたようにそれぞれの意味を有し、いずれも大切なものに違いないのであるが、将来に於いて専門の保護官庁が設置せられ、釈放時に於ける保護についてはその保護官庁自ら或る程度まで関与するとするならば、将来に於いては司法保護団体の存在の意義は収容保護の面に於いてより多く認めらるるに至るだろうと予想されるのである。無論、収容保護を為すには相当の設備を必要とし、経費も相当多額を要するのであるが、猶予者および釈放者保護の完備のためには、刑務所、検事局の如きいわゆる釈放官庁の所在地に少なくとも一時保護を為すべき猶予者保護団体または釈放者保護団体の設置あることが望ましきのみならず、殊に都会地に於いては、相当の設備を以て収容保護を為すものの存在を絶対の必要とするのである。各司法保護団体に於いて、その土地の事情に従い、収容保護の設備の充実に向かって努力すべきことが要請される所以である。

四　収容保護の実情

（一）収容者の生活

〔集団生活〕　猶予者保護団体または釈放者保護団体に於ける収容保護は、被保護者と保護当務者とを一団として保護当務者の指導を中心に動くところの集団生活である。保護当務者は普通に保護主任と称し、収容者の就職の斡旋、賃銀《ちんぎん》の保管、衣食その他身の廻りの世話、関係方面との間の連絡など、保護事務一切を主管するものであって、家族と共に収容者と同じ屋根の下に起居し、家族の者も保護主任を助けて収容者の世話に任ずる場合が多い。収容者は部室を定められて、或いは一室に一人、或いは二、三人ずつ起居するのである。食事は朝夕時刻を定めて一同同時にするを原則とする。この集団生活に於いては、保護主任は一国の指導者として収容者と融け合って行かなければならないのであるが、保護主任の家庭の安穏を確保し、保護主任をして安んじて収容者の保護監督の責を尽さしむる用意も必要であって、保護主任の居室としては、収容者の居室と隣接して、しかも設備上隔絶したものを与えなければならない。なお、この保護主任の私室の外に事務室を設けて設備を整え、事務能率の向上に資することを要するのは謂うまでもない。

〔紀律〕　収容保護は集団生活を通しての一つの訓練方法であるから、一定の規律を設けて収容者の行動を規律しなければならぬ。大抵の収容場に於いては、規約或いは心得事項の如きものを定めて居る。一例を挙ぐれば

在会者心得事項

一、神仏ヲ尊崇《そんすう》シテ身心ノ修養ニ努メ質実剛健忠良ノ臣民タルコトヲ期スルコト
二、朝夕神仏ニ礼拝スルコト
三、己ヲ拝スルコト恭謙《きようけん》、他人ニ対シテハ専《もつぱ》ラ敬愛ヲ以テ接スルコト
四、業務ニ勉励シ節約ヲ旨トスルコト
五、衛生ニ注意シ毎日室ノ掃除ヲ怠ラザルコト
六、掃除番ニ該《あた》リタルトキハ廊下便所其ノ他指定ノ場所ハ最モ叮寧《ていねい》ニ掃除スルコト
七、食器ハ常ニ清潔ニシ且ツ総《すべ》テノ器物ハ鄭重《ていちよう》ニ取扱《う》フコト
八、許可ヲ得ズシテ宴席又ハ群集ノ場所ニ臨《のぞ》マザルコト
九、許可ヲ得ズシテ在会者トノ間ニ於《おい》テ金品ノ授受貸借ヲ為《な》サザルコト
十、外出セム《ん》トスルトキハ許可ヲ受ケ行先ヲ明《あきらか》ニ為《な》シ置クコト
十一、物品ノ購求其他金銭借用ノ必要ヲ生ジタルトキハ其ノ旨担任者ニ申出デ承認ヲ受クルコト
十二、疾病其ノ他ノ事情ニ依リ就業スルコト能《あたわ》ハザルトキハ其ノ旨申出ヅベキコト
十三、一定ノ時間ニ起床又ハ就寝スルコト
十四、其ノ他本会ノ規定 並《ならびに》本心得事項ヲ厳守スルハ勿論、保護主任ノ指示命令ヲ遵守スルコト

収容場に入らしむる際には右の心得事項の類を保護主任が読み聞かせて懇切な諭示を為し、且つ誓約書を提出せしむるのが普通である。誓約書は概ね次の如き内容のものである。

誓約書

私儀《わたくしぎ》今般貴会ニ入会御承認相受候ニ付テハ在会者心得事項ヲ厳守シ、誓テ業務ヲ励ミ善行ヲ保ツベキハ勿論、速《すみやか》ニ独立自営ノ身ト相成ル様心掛ケ可申《もうすべく》、決シテ脱走無断退会等致ス間敷《まじく》候、万一右様ノ不心得ヲ為シタル場合ハ御保管ノ金品一切貴会ニ於テ自由ニ御処分相成候トモ聊《いささ》カ異議申間敷《もうすまじ》、仍《よっ》テ誓約書如件《くだんのごとし》

〔日常の生活状態〕 収容場には概ね講堂を有し仏壇を設けてあって、収容者は毎朝此処に合掌礼拝せしめ、訓誨を行い、時々名士を招いて講話を聴かしめ、或いは茶話会を開くなどして精神薫陶の方法を講ずるのである。

収容者の日課の大部分は作業または労働である。作業場を持っている保護団体に於いては、収容者はその作業場に於いて作業に従うのであるが、作業場を持たない保護団体に於いては、保護主任の斡旋に依り他に就職して通勤するとか、臨時人夫に出るとか、または行商に出るとかの生活をする。他に就職せしめる場合には、雇傭条件などは保護主任が雇主との間に取極めるのが通例であって、保護主任は時々収容者の就職先を見廻り、勤怠を監督して適時に諭示指導を与えることにして居る。中部地方の或る小都市に在る作業場のない或る釈放者保護団体の生活状態を見ると次の如くである（昭和十五年十月二十日現在）。

氏名	罪名および刑期	犯数	年齢	収容年月	現在職業	現在収入
A	窃盗懲役一年	五犯	五二歳	十四年一月	市衛生人夫	月五四円
B	詐欺　――		四一	十四年十月	竹箒行商人	五〇円
C	窃盗　――		一九	十四年十一月	料理見習	一五円
D	詐欺一年六月	三犯	三八	十四年十月	鉄工見習	四〇円

F	窃盗四年	十四犯	五五	十四年十一月	藁縄業	一〇円
F	詐欺	――	三〇	十五年七月	市衛生人夫	四五円
G	詐欺	――	四四	十五年七月	(病気中)	――
H	窃盗二年六月	五犯	五四	十五年九月	材木商人夫	四五円

［註・原書本文I、J欠落］

K	窃盗三年	五犯	三五	十五年十月	石　工	六〇円
L	窃盗二年	五犯	二九	十五年十月	市衛生人夫	四五円
M	窃盗七月	初犯	四二	十五年十月	縄　工	一五円

食事は当番を定めて収容者をして自炊を行わせて居るものもあり、賄業者《まかないぎようしや》と特約して食事を入れさせて居るものもある。

(二) 独立の準備

収容者の衣食費その他一身に関する費用は、原則としてすべて自弁せしめて居る団体が多く、部室、寝具、食器等の使用に対して幾許《いくばく》かの舎費を納付せしめて居るところもある。その理由とするところは、収容者をして徒食懶惰《らんだ》の弊風に陥らしめない為めである。これらの食費は定期にその実額を徴収するのである。尤も多数の保護団体の中には、収容者を成るべく早く独立させる為めに食費その他の費用を収容者から徴収せず、収容者の所得はなるべく貯蓄または衣類夜具等の調達に充てしむる方針をとっている団体もある。

収容者の所持金品は、保護主任に於いて保管するのを例とする。収容の際に所持金の内、当座必要の費用を引き去った残りは保護主任が受け取って保管し、収容者が就職して儲ける賃銀は保護主任が直接に雇主から受け取って、本人に対しては相当の小遣銭を渡すにとどめ、残余は本人名義を以て郵便局または確実なる銀行に預金し、その通帳は保護主任が保管する。

収容者から身廻品その他雑品の購入その他の事由により保管金の下付を申し出た場合には、保護主任はその事由を考査して必要額を払い出すのである。斯様にして保護主任は毎月初めに収容者各人についてその前月の所得と費用とを計算し、収支計算書および貯金現在高調書を作って、これを各人に告知することにしている。貯蓄高の増加は収容者の明日への希望となるのである。

(三)　一つの実例

日本海沿岸の一都市にあるＦ保護団体の昭和十五年十月十五日現在に於ける保護状況を見ると、

①　**収容者**――現在二十一名であって、年齢別に見ると二十歳以上三十歳未満七人、四十歳未満十人、五十歳未満一人、六十歳未満一人、七十歳未満二人、これを犯罪前歴別に見ると起訴猶予一人、初犯五人、再犯四人、三犯八人、四犯一人、六犯二人である。（なお、この外に雇主の希望に依り主家に住み込んでいるもの八人、病気入院中のもの一人がある。）

②**日課**――起床午前五時、朝食五時三十分、昼食正午、夕食午後七時、就床九時三十分。夕食より就床時までは一般に外出を許す。入浴は夏季は毎日とし、冬季は隔日または三日目とし、月二回の公休日を定めて午後七時より午後十時三十分まで外出を許す。

収容者には食前および食後に必ず食堂に安置せる仏前に礼拝せしめる。

衛生思想の徹底を期し、居室その他の清掃を厳にし、指示したる箇所の掃除は休憩時に励行せしめる。

毎月一日、十日、二十日には起床後身心を浄めて氏神白髯《しらひげ》神社に参拝させ、皇軍の武運長久を祈願させる。なお当日は三食共に副食物は梅干だけとする。

毎月二日、八日、十二日、十七日、二十二日および二十七日を一善デーと定めて自発的に善行を為さしめ、且つ反省の機会を与うるため一般に外出を禁止する。

③**作業**――収容場に附設せる作業場あり、就業時間は午前六時より午後六時三十分までとし、昼食時には一時間の休憩を与える。但し時季に依り多少の変更あり。現在この作業場に於いて作業をなしている者は洋家具工一人、指物工二人、靴修繕工一人、洋裁工一人、合計五人である。賃金収入の最高は洋家具、靴修繕にして一ケ月平均七、八十円、その他は平均四、五十円である。本年度四月より九月に至る六ケ月間の総収入は二、四四〇円を超えた。なお外に炊事に従事する者一人、雑役に従う者一人である。この合計七人の年齢を見ると、三十歳未満三人、四十歳未満一人、六十歳未満一人、七十歳未満二人となっている。

なおこの保護団体は右の附設作業場の外に農園経営を計画し、距離約二里（電車の便あり）のところに土地的一万五千坪を購入し、目下開墾整地中である。収容後三、四ケ月間は必ずその開墾整地に従事せしめて心身の鍛錬、特に勤労精神の涵養を為さしむることとしている。現在この開墾に従事せる収容者一〇人、農園主任が毎朝六時三十分これを引率して出発、午後五時三十分終業、途中に要する時間および休憩時間を除き、就業時間約八時間である。作業手当として一日最高一円八十銭、最低一円二十銭を与え、なお勤労成績に依り隔月五円以上拾円以内の賞与を与えている。往復の交通費、器具損料等の諸費用はすべてその保護団体の負担とする。

右の外、開拓されている就職口として鉄工所、製材所、染色業、製箱業、織物業等を持っている。現在通勤せる収容者は染色一人、織物二人、機料商社一人である。

④ **食費、独立準備金等**――収容者の食費は一人一ケ月平均十三、四円を要するのであるが、各人より毎月九円宛を徴収し、不足額は団体に於いて補助する。厳に濫費を戒め貯蓄を奨励して居る。現在貯金を有するもの十五名、その総額三、四八六円、一人平均二三二円四〇銭に達して居る。

前記の開墾地は将来ここに農民道場（事務所、宿舎、職員舎宅、農事場その他）を建設して、本団体の収容保護に付せられた者は、年齢技能を問わず総てこれを一定期間此処に宿泊せしめて農業に従事せしめ、薫陶を与え身心を鍛錬してから市内の現存収容場に収容し、本人の希望を参酌して附属作業場または市内工場等適当の職業に就かしむる計画である。

(四) 独立の生活へ

斯様にして収容保護数ケ月或いは一、二年を経過し、本人の職業も安定し、相当の貯蓄も出来、または技術も身につき、環境も調整されるなど、社会に於いて独立の生活を営ましむるに適当なる状況になったならば、その時は収容保護を解除するに適当な時期であるから、貸家或いは貸間《かしま》を定めてやるとか、職場に住み込ませるとか、適当な縁故者に依頼するとかして、独立の社会生活に入らしめるのである。

斯くして収容保護を解除した後、なお引き続き本人の動静を見守り随時指導援護を与うるの必要あるものと認むるならば、司法保護団体は司法保護委員会と連絡をとってその司法保護委員会の指揮の下に観察保護を行うことが出来る。事実上司法保護団体の保護主任は、司法保護委員に任命されている場合が多いから、収容保護解除の後は司法保護委員として観察保護を行うことが出来るのである。斯くして保護主任と被保護者との人的関係がなお久しく持続せられ、被保護者の完全なる更生を見ることは保護上望ましいことであるが、しかしまた翻って考うれば、斯くの如くして保護団体の当務者が司法保護委員たる資格に於いて多数の観察保護事件を担当することとなった為めに収容保護に関する方面が疎略に流れるようなことになっては遺憾なことであるから、その間適当なる工夫考慮を払わなければならない。

五　収容保護に関する諸問題

(一) 種々の機能

右に述べた如く収容保護を行う猶予者保護団体および釈放者保護団体の中には、作業場を有するものもあればこれを有しないものもある。作業場を有するものにあっては、その収容保護の当面の目標とする所は或いは技能を習得せしむることに存し、或いは授産に存する如くであり、また作業場を有しない保護団体に於ける収容保護は、単に宿泊の便宜を供与するだけの機能を果たして居るようにも見える。これに依っても明らかなように、現存の各保護団体に於ける収容保護は、その究極の目的は勿論同一であるけれども、実際上にはいずれもが同じ機能を果たしているのではなくて、それぞれに独特の目的を追求して居るのである。これらの目的、すなわち収容保護に於いて果たしている機能を客観的に眺めるとおよそ次の如くに分類することが出来る。

甲、収容者を社会生活に巣立たしむることを目的とするもの

一、生活力の養成訓練を為さしむるもの

（一）精神方面の鍛錬陶冶を主とするもの

（二）技術の習得を主とするもの

二、資金の貯蓄造成を為さしむるもの

（一）授産を為すもの

（二）通勤または行商等を為さしむるもの

三、待機せしむるもの

（一）環境の調整を待たしむるもの

（二）体力の恢復を待たしむるもの

（三）就職の機会を待たしむるもの

乙、収容者の生活を扶助することを目的とするもの

一、生活能力なき者を扶養するもの

二、生活能力乏しき者の生活を扶助するもの右のいずれの機能も、対象者の如何に依ってその価値を有し、存在の意義を有するのであるから、その配置は各地に於ける要保護者の状況に依って規定せらるべきものである。右の乙に属するものは一種の養老院的な存在ではあるが、釈放者の特殊性に鑑みればこの種の収容保護施設も必要があるのである。一般的に謂えば、収容保護の本格的な機能は右の甲の部に存すべきであり、甲の中でも漫然と情況の好転を待機せしむるものよりは積極的に将来への準備の努力を為さしむるものに重要性があり、等しく将来への積極的努力を為さしむるものの中でも、特に生活力の養成訓練を為さしむるものが重要なる意義を有すると謂い得るであろう。しかしいずれの機能もそれぞれに意義を持ち、対象の種類に応じて充分必要性を有するのであるから、保護団体は、与えられ得べき対象の種類に即応して自家の機能を定むればよい。大切なことは、自家の機能につき明確なる自覚を持ち、この機能の自覚に基づいて設備機構も整えることである。

(二) 生活安定の問題

作業場を設けて作業に従わしむる行き方は、従来兎もすれば経営困難に陥り易いと言われているが、一概にそうであるべき理由はない。対象者の如何と経営方法の如何に依っては、相当の採算可能であることは、実例の示すところである。勿論、作業の種類乃至その経営方法の如何は、その作業の目的を技術の習得に置くか、それとも授産に置くかによっても異なるべきものであり、また対象者の質と数とに依っても規制せられ、土地の状況と経済事情にも即応して定められねばならぬ。これらの条件を充分に考慮した上で、合理的な経営の方法について或る程度専門的な研究が為されなければなるまい。

作業場を有しない場合に於いては、成るべく早く職業を斡旋して収容者の生活不安を除くと共に、将来への希望を与え、併せて勤労の習慣を獲得または持続せしむることに努めねばならぬ。就職斡旋の努力足らざるの結果、被保護者自身をして仕事探しに困憊《こんぱい》せしむるが如きは、被保護者の期待を裏切って不満或いは失望を感ぜしめ、或いは焦燥に陥らしめ、遂には無断逸走《いつそう》の原因ともなるので慎まねばならぬ。もしそれ作業場もなく、就職口も与えず、格別の薫陶も施さずして徒食拱手《きょうしゅ》に日を過ごさしむるならば、収容保護は宛然陋巷《えんぜんろうこう》の安下宿の譏《そしり》を免れ得ないであろう。

(三)　陶冶の問題

精神陶冶に於いては、親切と気根が第一の問題である。温かい同情と行き届いた親切と強靭な指導力とがあれば、それだけで足りるとも謂うことが出来よう。釈放者の多くは性質懶惰であって、たとえ行刑の過程に於いて規律的生活を強制されたとしても、釈放後は自由を恢復したという意識からして、反動的に本来の懶惰に逆転する傾向が強く、規律を厭い、勤労を回避しがちであり、また物事に飽きやすく、反省の念に乏しく、他人の忠言や上長の訓諭を嫌い、不平不満が多いなど、その指導薫化はなかなか容易の業ではないのである。これをして健康な生活意識と生活態度を取り戻させる為には、家庭的な温かさと、和やかさと、明るさの裡にこれを包容し、その間一脈の厳粛味を以てこれを規律することが肝要である。慈愛と親切を以て収容者の身に感動を沁み込ませることは、陶冶の端緒であると共に大半であるとも謂うことが出来よう。指導の方法の如きは問題でないごとくにも見える。しかしながら、収容者の性情の複雑なることに鑑み、これが陶冶は一つの執拗なる闘争でなければならぬのであるから、そこには、久しきに互って収容者の魂を摑《つか》み、且つこれを引上げる工夫と機構とを、忘れてはならないのである。

（四）機構強化の問題

従来に於ける収容保護の実情を見ると、保護当務者は、収容者の為め心魂を傾け、一身を忘れて奔走しているものが多く、その熱意と親切とには収容者も感銘して更生の準備にいそしみつつある場合も少なくないのであるが、多くの保護団体は潤沢なる経営費を有せず、自然人手も不足がちであって、保護に遺憾なしというには甚だ遠い状態にあるものが多い。これに対しては国家の側に於いて、経済的にも一層の援助を与え、保護行為の法律的基礎をも与うるの必要が存するのであるが、直接当事者に於いても、方針の立て方、経営の仕方等につき、なお一段の工夫改善を為すべき点が少なくないのである。事情が許すならば保護当務者を増員して、収容保護に専念する者と、一時保護および関係方面との連絡に携わる者とを一応区別し、また庶務的事務に専従し得る職員を置く必要がある。

（五）対象の特殊化の問題

収容保護は集団的処遇であるから、能率向上の為めに対象の同質化が望ましいことは明らかである。猶予者は釈放者から区別し、初犯者は累犯者から区別し、青年および老人はそれ壮年から区別し、また女は男から区別し、精神薄弱者、身体不具者等はそれ独自の集団を形成せしむるのが理想的である。

猶予者を釈放者から区別して収容保護を施す行き方は最近各地に於いて行われ始め、相当の好成績を収めつつある。女子の釈放者または猶予者に対する収容保護は、その必要あるものは比較的少ない実情であるが、収容保護を為している所に於いては成績はすこぶる良好である。多くは良家に住み込み奉公させるか、配偶者を求めて家庭生活に入らしむることとしている。

老齢者のみの収容保護は、収容者に活動能力がなく、作業または労銀の収入は殆ど期待されないのに反して費用は比較的多額を要し、その上収容者に新陳代謝が少なく殆ど生涯扶養することとなるのであるから、その経営はすこぶる困難である。しかし、普通の養老院に於いて老齢の刑余者を引き取ろうとしない現状に於いては、これらの者を収容する特殊施設の必要は明瞭である。現在この老齢者保護を専門とする保護団体に於いては、収容場を農牧に適する広大な土地に設け、希望者にだけ随意に養鶏、養豚、野菜栽培等を為さしめて居る。収容者の特殊性から想像される通り、逃走や再犯は極めて稀である。

（六）連絡共助の問題

収容保護に於いてなお一点特に注意を要することは、各方面との連絡に関する点である。輔導上、特に就職斡旋上、関係諸方面との連結共助の必要なことは謂うまでもないが、特殊な一点としては、収容者の側に対して収容保護に関する誤れる先入見を抱かしめざることを挙げなければならぬ。釈放者の間には収容保護に対する正鵠《せいこく》なる認識を有するものは寧ろ少数であって、甚だしきに至っては、収容保護を以て第二の刑務所の如くに誤解して居るものもあり、然らずとするも、収容保護の本来の機能を正しく認識しているものは多くないのである。この事業は本来の性質上、成功した事例については本人も語らず関係者も隠秘に付することに努めるのに反し、収容中落伍して逃げ出したり、再犯に陥ったりした者たちは、殊更に収容保護所の悪口を吹聴するため、収容保護の実情が誤り伝えられ、釈放者の中には収容保護を受けることを恥辱と考え、或いは忌避し、または悪用せんとするものが少なくない。この点に関しては猶予者および釈放者保護団体は、保護方法自体に保護の精神を一層徹底せしめ、特に自家の機能について明確なる自信を以て事に処すべきは勿論ながら、他面、検事局或いは刑務所と充分の連絡を保って、猶予者釈放者の収容に関する誤れる懸念を払拭し、正しき認識を得しむることに努めなければならない。これに関連して、収容保護に対する警察視察の悪影響を除去するため、警察の方面との充分なる連絡を保つの要あることも明らかなところである。

第四章　少年保護事業

既述の如く少年保護事業は広狭の二義に於いて観念することが出来るが、固有の意味に於ける少年保護事業とは、少年法に基づき少年に対し保護処分を加え、この保護処分を執行することである。約言すれば固有の意味に於ける少年保護事業とは少年法に基づく保護処分の運営である。

この意味に於ける少年保護事業の機構並びにその運営の方式は、前章に述べた釈放者および猶予者保護事業のそれとは大いに趣を異にして居る。顕著なる特徴の一は、少年保護事業は国家機関に依って行われることである。釈放者および猶予者保護事業を行うところのものは司法保護委員と司法保護団体であって、いずれも官庁ではないが、少年保護事業を直接に掌るものは少年審判所という国家機関である。特徴の二は、少年に対する保護が法律上の処分として行われることである。釈放者および猶予者に対する保護は究極に於いて民間人の任意行為であるが、少年に対する保護は保護処分と称する行政処分として行われるのである。而してこのような少年保護事業の機構および運営を規定しているものが少年法という法律である。以下この保護処分の対象、機関および手続きの大要を述べ、最後に保護処分運営の実情、すなわち少年保護の実際につき略述することとする。

第一節　保護の対象

一　保護処分の対象

保護処分を為される対象たり得るものは、「刑罰法令に触ルル行為ヲ為シ又ハ刑罰法令ニ触ルル行為ヲ為ス虞アル少年」である。少年とは十八歳に満たざる者を謂う。しかし、一旦保護処分に付せられた者についてはその保護処分の執行は二十三歳に至るまで継続することが出来る。刑罰法令に触るる行為を為したる少年とは、すなわちいわゆる犯罪少年である。本人が刑罰法令に触るる行為を為す虞ある少年、すなわちいわゆる虞犯少年であるか否かは、本人の行状、性情、境遇等、諸般の事情を斟酌《しんしゃく》商量《しょうりょう》して社会通念に従って判定されるのである。

〔例外〕十八歳未満の者が刑罰法令に触るる行為を為し、または刑罰法令に触るる行為を為す虞ある場合には、少年審判所は原則として悉くこれを審判に付して、これに保護処分を加えることが出来るのであるが、例外として、次に掲ぐる者は少年審判所の審判を受けることが出来ない。

（一）陸軍刑法第八条、第九条および海軍刑法第八条、第九条に掲げられたる者、すなわち少年にして軍人軍属たる者
（二）大審院の特別権限に属する罪を犯したる者
（三）治安維持法の罪を犯したる者
（四）刑事手続きに依り審理中の者

右の四者は少年審判所の審判に付することが出来ない。次に

（五）死刑、無期または短期三年以上の懲役もしくは禁錮に該るべき罪を犯したる者
（六）十六歳以上にして罪を犯したる者
右の両者は、裁判所または検事局から送致を受けた場合を除くの外、審判に付することが出来ない。
（七）十四歳に満たざる者
右の者は、地方長官から送致して来た場合を除くの外、審判に付することが出来ない。十四歳未満の者は、原則として地方長官が少年教護法に依って保護を加えるのである。しかし不良性濃厚なる為め教護に適しない場合には、地方長官はこれを少年審判所に送致するのである。

右の如き例外の場合を除き、「刑罰法令ニ触ルル行為ヲ為シ又ハ刑罰法令ニ触ルル行為ヲ為ス虞アル少年」は、保護処分を加えられ得るのである。

二　少年の実情

右にいわゆる「刑罰法令ニ触ルル行為ヲ為シ」たる少年は、近年驚くべき多数に達し、全国の検事局に於いて受理した少年犯罪事件の数だけでも次の表の如く年々五万人に垂んとする状況である。

年　次	検事局受理少年人員
昭和七年	四二、五八六
昭和八年	四七、六九一

年次	検事局受理少年人員
昭和九年	五四、〇二三
昭和十年	五一、二五三
昭和十一年	五〇、二二九
昭和十二年	四六、九七九
昭和十三年	四五、四八三

しかもこれは一旦検事局に送致された事件だけの数であって、警察限りで釈放された少年の数を含まないのであるから、年々の犯罪少年の実数は本表に掲ぐる所より遥かに多いものと見なければならない。況んや、「刑罰法令ニ触ルル法為ヲ為ス虞アル少年」に至っては遺憾ながらこれに数倍するものと推測しなければならない。これらの少年は、如何なる境遇の下に、如何なる事情に依り、如何なる犯罪または不良行状を示したものであるか。これを昭和十三年中に四つの少年審判所に於いて保護処分に付せられた者を例して見れば次の如くである。

まずその性別および年齢について見れば、男が断然多く八、三二七人で、これに対し女は七三七人、年齢は大部分十五歳以上に属する。詳記すれば八歳未満二（女なし）、九歳未満五（女なし）、十歳未満三二（内女四）、十一歳未満三四（内女三）、十二歳未満六三（内女一〇）、十三歳未満八七（内女一一）、十四歳未満一八六（内女二七）、十四歳以上となると急に増大して、十五歳未満一、二〇八（内女一一一）、十五歳以上十六歳未満一、八八五（内女一五〇）、十六歳以上十七歳未満二、五一二（内女一九六）、十七歳以上十八歳未満三、〇六一（内女二二五）である。

その教育の程度は、中等学校卒業者五七人（内女一一人）、中等学校に於ける中途退学または未修了のもの九六六人（内女五一人）。小学校を卒業しただけのものが最大多数で、六、七三三人（内女五四二人）で総数の七四パーセント余を占めて居る。小学校に入ったが卒業しないものが一、一九三人（内女一二四人）で総数の十三パーセント余を占めて居ることは特別注目に価する。この一、一九三人中には、満十四歳以上のもの九六八人を含むのである。全然未就学のものが一一五人（内女六人）あり、この中一〇八人は満十四歳以上の者である。

犯罪の時に如何なる生活状況にあったかと謂えば、住み込み奉公中のものが最も多く、その次は実父母揃った家庭に在った者である。詳記すれば、奉公中のもの三、五一一人、下宿または自活中のもの五二〇人、感化養育施設に収容中のもの一〇三人、親族に寄寓《きぐう》せるもの三六〇人、家庭にありしもの三、五八四人（内、実父母揃って居るもの二、三二〇人、実父のみあり母なきもの三五二人、実母のみあり父なきもの四八四人、実父および継母あるものの二六〇人、その他一六八人は養家にあるもの継父または継母のみあるもの等である）、住所不定のもの九八六人である。生活程度について云えば、奉公中のものその他のものについては言うまでもないが、実父母揃った家庭にある者といえども、その家庭は、資産なく生活貧困なものが大部分である。

斯様な生活状況の結果として、犯罪行為の種類については窃盗、横領等が最も多い。すなわち窃盗は六、四一〇件で全体の七〇パーセントを占め、次いでは横領七二〇件が多く、詐欺の三三八件がこれに次ぎ、第四位は傷害の二八二件であるが、次には恐喝が二〇八件に達して居る。次に百件以上を算するものとしては自動車取締令違反一九四件があり、五十件以上百件未満の犯罪としては銃砲火薬取締法違反九六、賭博八四、過失傷害七一、住居侵入六八、強盗六一がある。その他少数犯罪として失火四一件、贓物《ぞうぶつ》四〇件、強姦三三件、暴力行為取締法違反三二件、放火二八件、文書偽造二七件、猥褻《わいせつ》二四件、殺人一四件、有価証券偽造一三件、往来妨害九件、脅迫八件、暴行、毀棄《きき》、堕胎、印章偽造等がある。但し保護処分総件数九、〇六四人の中、刑罰法令に触るる行為を為す虞ある者として取扱われた一、八二人の行為の種類は右の中に含まない。

これらの少年が、斯くの如き犯罪または不良行為を為すに至った直接の動機については、或いは利欲に依るもの、或いは誘惑に依るもの、或いは憤怒怨恨に依るものなど、種々雑多であるが、その平素の性行については、狡猾、放縦、柔弱、強情、粗暴、怠惰、軽卒等の性情を有するものが多い。

而してこれらの性情の由って生じた原因については、因より複雑なものが存するに違いないのであるが、これらの者は、智能の程度に於いては、大半は普通の程度であって総数の六割余におよび、劣等なるものは総数の三割点度、優良なるものも若干存する。遺伝の関係について見れば、父、母、祖父、祖母、父方または母方の傍系、兄弟姉妹等に、精神病、脳性疾患、神経病等を認めるものも若干あるが、これらの遺伝負因を認めざるものが大部分である。幼少時よりの教育的環境については、家庭に於ける躾《しつけ》の欠如、金銭の不取締、父母の素行不良、家庭の不和、小遣い銭の不足、または近隣環境の不良等が本人の不良性を醸成したと認められるものが相当多い。父の前科あるものが尠少《せんしょう》でないことも、注目に値するであろう。

第二節　保護の機関

少年の保護処分を掌る機関は少年審判所である。その運用に関与するものとして矯正院、保護団体等がある。

一　少年審判所

少年審判所は少年に対し保護処分を為すため設けられた官庁である。管轄区域を定めてその区域内に於ける保護処分の運営を掌るのである。

①　少年審判所の構成　少年審判所には左の職員がある。

（イ）少年審判官――審判を行う。裁判官ではない。判事または検事でこれを兼任する場合もあるが、少年審判官そのものは銓衡《せんこう》任用に依る官吏である。

（ロ）少年保護司――少年審判官を補佐して審判の資料を調《ととの》え、また少年に対する観察の事務を掌る。官吏たる少年保護司は銓衡任用の奏任官または判任官であるが、司法大臣は、少年の保護または教育に経験ある者その他適当なる者に対し、少年保護司の事務を嘱託することが出来る。現在これを嘱託されている者は、東京、大阪、名古屋および福岡の四少年審判所を通じて合計千人に垂んとしている。これを嘱託少年保護司と称して居る。

（ハ）書記、嘱託医――書記は審判に関する書類を作り、また庶務に従事する。その他に、少年審判所に於いては、官制上の職員ではないが、精神科の医師に嘱託して少年の心身の診察を行わせて居る。

②　少年審判所の位置、管轄区域

少年審判所は大正十二年一月一日少年法の施行と共に東京と大阪とに設置されたが、その時の管轄区域は、東京少年審判所が東京府と神奈川県、大阪少年審判所が大阪府、京都府および兵庫県、すなわち合わせて二府三県であった。昭和九年一月一日を以て名古屋少年審判所が設置されて愛知、岐阜、三重の三県を管轄し、昭和十一年十一月一日、東京少年審判所の管轄区域が拡張されて千葉、埼玉の両県を含むこととなり、昭和十三年一月一日福岡少年審判所が設置されて、福岡、佐賀、長崎、熊本の四県を管轄した。斯くして、昭和十六年一月に於いては少年審判所の数は四、その管轄区域は三府十一県であったが、昭和十六年二月二十日からは、広島少年審判所が設置されて広島、岡山、山口、鳥取、島根および愛媛の六県を管轄し、また、東京、大阪両少年審判所の管轄区域が拡張されて、東京少年審判所は茨城、栃木、群馬、山梨および静岡の五県を併せ管轄し、大阪少年審判所は奈良、滋賀および和歌山の三県を併せ管轄することとなり、斯くて少年保護制度の施行区域は三府二十五県となった。即ち昭和十六年二月二十日以後に於ける少年審判所とその管轄区域は次の如くである。

東京少年審判所	東京府、神奈川県、千葉県、埼玉県、茨城県、栃木県、群馬県、山梨県、静岡県
大阪少年審判所	大阪府、京都府、兵庫県、奈良県、滋賀県、和歌山県
名古屋少年審判所	愛知県、岐阜県、三重県
福岡少年審判所	福岡県、佐賀県、長崎県、熊本県
広島少年審判所	広島県、岡山県、山口県、鳥取県、島根県、愛媛県

なお、司法省に於いては昭和十六年度に於いては仙台、札幌の両地に少年審判所を新設してそれぞれ宮城、福島、岩手、青森、秋田、山形（以上仙台少年審判所）、北海道および樺太（以上札幌少年審判所）を管轄せしめ、また既設各少年審判所の管轄を拡張して長野、新潟（以上東京）、香川、徳島、高知（以上大阪）、石川、富山、福井（以上名古屋）、大分、宮崎、鹿児島、沖縄（以上福岡）を包含し、斯くて保護処分の全国普遍化を完成することとなって居る。

二　矯正院

矯正院は、少年を収容して保護矯正をする施設として、矯正院法に依り設置された国立機関である。司法大臣の管理に属する（矯正院法一条、六条、七条）。

矯正院には、院長の下に、教官、医官、書記および補導が居る。教官は専ら在院少年の矯正のことを掌り、紀律訓練、情操陶冶、学科教育、作業教育、体育などの各方面から、少年の訓育に努めて居る。医官は在院者の衛生および診察を掌る。書記は庶務に従う。補導は教官および医官の職務を助けて、常に少年と接触し、矯正教育の最前線に活躍する。

矯正院は全国に現在五つである。その名称と所在地は次の通りである。

多摩少年院　（大正十二年　開設）東京府南多摩郡由井村
浪速少年院　（　同　　右　）大阪府三島郡春日村
瀬戸少年院　（昭和九年　開設）愛知県瀬戸市
福岡少年院　（昭和十三年　開設）福岡県福岡市老司
広島少年院　（昭和十六年二月　開設）広島県広島市

なお、昭和十七年一月には札幌および仙台に矯正院の設置を見る筈である。

矯正院には管轄区域はない。現在のところ、多摩少年院は東京少年審判所から送致された少年を収容し、浪速少年院は大阪少年審判所、瀬戸少年院は名古屋少年審判所、福岡少年院は福岡少年審判所からそれぞれ送致された少年を収容して居る。

矯正院は収容すべき者の男女の別に従い設置すべきこととなっているが、現在に於いては未だ女子を収容する矯正院は設置されていない。

三　保護団体その他

保護団体、寺院、教会、病院等は少年審判所から委託を受けて少年の保護監督に当たる。保護団体とは、司法保護事業を経営するものとして司法大臣の認可を得たもの、すなわち司法保護事業法施行規則に謂う所の司法保護団体のことである。司法保護団体の中には猶予者保護団体、釈放者保護団体、少年保護団体等があるが、少年審判所に於いて少年の委託を為すのは少年保護団体に対してである。少年保護団体は少年法に依り保護処分を受けたる者、または少年にして司法保護事業法第一条第一号乃至第六号に該当する者の保護を為すことを目的とする直接保護団体であって、特別の事情なき限り教育および作業に関する設備を有すべきものである（事業法施行規則十五条三号および二十条）。

第三節　保護の手続き

一　保護処分

①保護処分の種類――刑罰法令に触るる行為を為し、または為す虞ある少年に対して与えられる保護処分は左の九種類の中のいずれかである（少年法四条）。

一　訓誡ヲ加フ《う》ルコト
二　学校長ノ訓誡ニ委《まか》スルコト
三　書面ヲ以テ改心ノ誓約ヲ為サシムルコト
四　条件ヲ附シテ保護者ニ引渡スコト
五　寺院、教会、保護団体又ハ適当ナル者ニ委託スルコト
六　少年保護司ノ観察ニ付スルコト
七　少年教護院ニ送致スルコト
八　矯正院ニ送致スルコト
九　病院ニ送致又ハ委託スルコト

②保護処分の併科――右の九種の保護処分は必要に依っては適宜組み合わせて適用することが出来る。例えば、少年保護司の観察（六号処分）に付した上に、条件を附して保護者に引渡し（四号処分）、更に訓誡（一号処分）をするというように、三種の処分を併せ科することも出来る。その他いずれの処分でも適宜に、本人の事情に応じて保護の目的を達するため最も適切な処分を一種または数種選択するのである（少年法四条二項）。

③ **保護処分の継続、取消、変更**――右の九種の保護処分の中、第五号乃至第九号の処分は少年が満二十三歳に達するまでその執行を継続することが出来る。少年の不良性が軽微な場合には、訓誡とか条件附保護者引渡とかいうような一時的の保護処分を以てその遷善を期待し得ることが多いが、本人の性情或いは境遇に依っては、本人が改過遷善の実を挙ぐるまで継続して保護を加うる必要の存する場合がある。それ故に前記第五号乃至第九号の処分はその執行を本人が二十三歳に達するまで継続し得ることとしてあるのである。しかしまた、二十三歳に至らない間に本人が改過遷善し、且つその更生の見透しがついたならば、もはや保護処分の執行を継続するの要はない。また事情に依っては、先に与えた保護処分の代わりに他の保護処分を適用する方が本人の更生を促進する上からみて適当な場合もある。それ故、右各種の継続的保護処分は、処分を為すの際に於いてはその期限を定めず不定期となし、必要に応じてこれを継続し、また何時にてもこれを取消し、もしくは変更し得ることとなって居る（少年法五条）。

④ **手続き**――少年審判所が少年に保護処分を加えるには、原則として審判に依る。すなわち少年を受理してその事件関係および一身上の事情を調査し、この調査に基づいて審判を行い、審判の結果として保護処分を加えるのである。しかしまた少年審判所は、審判に依らずして保護処分を加えることがある。少年法第三十七条に依る仮処分の場合、並びに刑執行猶予少年および仮出獄少年に対する場合である（少年法十五条、三十七条、四十六条）。

二　審判事件の受理

少年が審判に付せらるる径路はまず受理に始まる。審判に付せらるる少年は次の六つの径路のいずれかに依って少年審判所の保護事件として受理されるのである。

（一）検事より送致せられた場合　検事は少年に対する刑事事件について、保護処分を為すことが適当であると思料した場合には、その事件を少年審判所に送致せねばならぬ。その趣旨は、前途ある少年に前科の汚点を与えずしてこれに保護育成の機会を与える為めである（少年法六十二条）。

（二）裁判所に於いても、同様の趣旨に依り、少年の被告人につき審理の結果、保護処分を為すことを相当と認めたときには、**これを少年審判所に送致する**（少年法七十一条）。

（三）地方長官よりの送致　これは前述のごとく、十四歳未満の者につき不良性濃厚の為め少年教護法に依る教護不適の故を以て、少年審判所に送致して来る場合である（少年法二十八条二項）。

（四）通告　すなわち保護処分に付せらるべき少年の存在が、少年審判所またはその職員に通告された場合である。何人たるを問わず、保護処分に付せらるべき少年の在ることを認知した者は、これを少年審判所またはその職員に通告することを要する。通告を為すべき者は、少年の親権者、親族等のみならず、全く身分的関係を有しない者をも含む。而して、通告の手続きは極めて簡単であって、書面または口頭を以て通告の事由を開示すれば足りる。但し、成るべくは本人およびその保護者の氏名、住所、年齢、職業、性行等を申立て、且つ参考となるべき資料を差し出すべきである。通告があると、少年審判所はこれを保護事件として受理する。通告が口頭を以て為された場合には、少年審判所の職員がその申立を録取《ろくしゅ》してこれを受理するのである（少年法二十九条、三十条）。

（五）認知　少年審判所またはその職員に於いて、新たに保護を要すべき少年の存在を認知する場合がある。例えば、或る少年事件について調査を進めて行く中に、その少年の交友または共犯者にして保護を要すべきもののあることを発見することがある。斯かる場合には、これを少年審判所の保護事件として繫属《けいぞく》するのである（少年法三十一条）。

（六）他の少年審判所から移送された場合

以上六つの場合である。

三　調査

少年審判所は、前述のようにして保護事件を受理すると、これを審判に付すべきか否かを考え、審判に付すべきものと思料した場合には、調査を行う（少年法三十一条）。

調査は、その少年の不良化乃至は犯罪行為の根源を探り、救治の方法を発見する為めに行うものであるから、相当詳細に亙らねばならぬ。少年法に於いては、「少年審判所審判ニ付スベキ少年アリト思料シタルトキハ事件ノ関係及本人ノ性行、境遇、経歴、心身ノ状況、教育ノ程度等ヲ調査スベシ」と規定してあるので、これに従って、各少年審判所に於いては現在次の諸事項について詳密な調査を行って居る。

① 事件の関係

（イ）本人の為したる不良行為または犯罪行為の事実、その動機、原因、態容、時期、場所、過程

（ロ）本人が不良の性情を示すに至った時期、径路

（ハ）従前に於いて保護処分を受けたることの有無、その内容

② 一身に関する事情

（イ）性行――性質、素行、習癖、嗜好、娯楽等

（ロ）境遇――家族、家系、家庭の生活状態、保護関係、交友関係等

（ハ）経歴――生い立ち、職業、雇傭の径路等
（ニ）心身の状況――智情意の発育状態、身体の健否、病歴等
（ホ）教育の程度――学歴、成績、学科の好悪、努力の有無等
（ヘ）その他

調査はその実質的意義に於いては、本人の保護改善に関する適正なる方法を発見する為めの資料の蒐集並びに整理であるから、各関係事項の取捨選択はこの目的に照応して行わるべきであることは謂うまでもない。

調査は少年保護司が行う。但し心身の状況特殊なるものについては嘱託医師がその診査に当たって居る（少年法三十二条、三十一条）。少年法第三十一条第二項には「心身ノ状況ニ付テハ成ルベク医師ヲシテ診察ヲ為サシムベシ」とあるが、少年審判所に於いては官制上医師の配置がないので、便宜の方法として精神科の医師一名以上を嘱託常置しているのであるが、保護事件として受理された少年の全部について診察を為さしめることは不可能であるから、心身の状況の特殊なることの顕著なる者だけについてその嘱託医をして診査せしめている実状である。

事実の取調べに関しては少年審判所はこれを保護者に命じ、またはこれを保護団体に委託することが出来る（少年法三十三条）。およそ保護処分を為すには総ての関係者から資料を得て真相を発見することが必要であるが、保護者は本人を保護監督するものであるから、本人の一身上の事情に関しては有益なる材料を有するものと考えられるし、また保護団体も相当の資料を有する場合があるから、これらの場合に少年審判所は保護者または保護団体をして事実の取調べを為さしめ得ることとなって居るのである。公務所および公務員に対しても必要なる補助を求むることが出来る（五年法二十五条）。例えば、或いは警察力を借りて本人の探索を為し、或いは市町村役場に照会してその身分関係を調査するなどの場合である。

四　仮処分

少年事件の調査は、その事件の性質、少年の性格、その他の関係からして調査に相当の日時を要する場合がある。斯かる場合、少年の事情に依ってはこれに対し適当なる拘束を加えておかなければ、或いは審判の妨げとなるべき事情を生じ、または本人の一身的保護につき危険を生ずることがある。例えば、逃走の虞ある場合、浮浪窮迫の状況にある為め再び犯行を為すの虞ある場合、または従来交渉ありし不良の徒輩から誘惑或いは脅迫を受くる虞ある場合の如きである。斯くの如き場合に於いて審判の終結に至るまで本人の身柄を安全の状態に置く為め必要と認めらるる場合には、少年審判所は本人の身柄に対し仮に処分を為すことが出来る（少年法三十七条）。これを仮処分という。

仮処分として為し得る事項は次の通りである。

一　条件を附しまたは附せずして保護者に預け、併せて少年保護司の観察に付すること

二　寺院、教会、保護団体または適当なる者に委託し、併せて少年保護司の観察に付すること

三　病院に委託し併せて少年保護司の観察に付すること

四　少年保護司の観察に付すること

五　少年教護院または矯正院に仮に委託すること

如何なる仮処分を為すかは具体的事情に即して決定されることである。

仮処分は少年審判所に於いて何時にてもこれを取消しまたは変更することを得る。審判を開始しない場合に於いては仮処分は取消さなければならぬ。而して少年審判所は、少年に対し仮処分を為した場合、その取消または変更を為した場合には、速やかにその旨を保護者に通知しなければならぬことになって居る（少年法三十八条、四十一条、三十九条、四十一条二項）。

五　審判（少年法四十条乃至四十六条）

調査を了ると、少年保護司はこれに意見を附して少年審判官に提出する。少年審判官はこれを資料として、審判を開始するか開始せぬかを定める。

調査の結果に依っては、本人に対し保護処分を加える必要のない場合がある。例えば不良性の極めて微弱なる場合である。また、処分を加えることの出来ない場合がある。例えば所在不明の場合である。これらの場合には審判は開始されない。

審判は、本人および保護者を呼出して少年審判官が行う。事件関係と身分関係を吟味して、適当なる処分を加えるのである。

審判は公開しない。この点は裁判と異なる。但し、本人の親族、保護事業に従事する者、その他少年審判所に於いて相当と認むる者は、在席することを許される。審判を公開しない理由は、少年の心理に及ぼす影響を考慮し、本人の将来の社会復帰に障碍を生ぜしめない為めである。

審判は、原則として少年審判所の庁舎内に於いて行われているが、少年の居所遠隔、家庭貧困、疾病その他本人が少年審判所に出頭し得ない事情がある場合には、本人の家庭、或いは附近の少年保護施設その他適当の場所を選んで審判の場所として居る。

審理を終えると、少年審判官は、自由なる判断を以て処分をする（註一）。これを終結処分と謂う。

終結処分には、保護処分と、検事送致の処分とがある。勿論、大部分は保護処分を加えるのであって、万已むを得ない場合に限り、検事に送致するのである。最近二年間、四つの少年審判所で行った終結処分の内容は第一表の通りである。

第一表

終結処分	昭和十三年	昭和十四年
保護処分を加えたるもの	九、〇六四	九、一一〇
検事に送致したるもの	一	三

なお、少年審判所は、審判については始末書を作成しなければならぬ。始末書は審判の顚末《てんまつ》を明らかにすることを目的とするものであって、これに記載すべき事項は、審判を経たる事件、与えられたる終結処分、およびその他少年審判所に於いて必要と認めた事項（少年法五十六条）である。

（註一）刑罰法令に触るる行為を未だ為さざる少年に対して五号乃至九号の処分を為す場合に於いては、本人の親権者、後見人、戸主その他の保護者があるならば、その承諾を経ることを要する（少年法五十五条）。

六　刑執行猶予少年および仮出獄少年に対する保護処分

十八歳未満にして刑の執行猶予の言渡を受け、または仮出獄を許されたる者は、猶予または仮出獄の期間内は保護処分を与えられる。適用される保護処分の種類は、少年法第四条第一項に掲げられた九種の内、四号（条件附保護者引渡）、五号（保護団体等に委託）、六号（少年保護司の観察）、七号（少年教護院に送致）、八号（矯正院送致）、九号（病院に送致または委託）の六種である。その中、少年保護司の観察は法律上当然に適用されるものであり、他の五種の処分は必要に依り科し得るものである。但し、七号または八号の処分が為された場合には、その執行の継続中、少年保護司の観察は停止される（少年法六条）。

刑執行猶予少年および仮出獄少年に対する保護処分は少年審判所に於いて掌るのであって（註二）、少年審判所はその処分の執行を本人が二十三歳に達するまで継続し、またはその継続中何時にても取消しもしくは変更することが出来る（少年法五条）。

少年に対し刑の執行猶予の言渡があったときには、その言渡を為した裁判所の検事は少年の氏名、住所、年齢、職業、言渡年月日、言渡裁判所、罪名、刑名、刑期、猶予期間およびその始期終期その他必要と認むる事項を、少年の住居の地を管轄する少年審判所に通知する。これに依り少年審判所は当該少年を観察すべき少年保護司を定めて観察に当たらしめるのである。少年に対し仮出獄の許可があった場合には、刑務所長がこれを少年審判所に通知し、これに依って少年保護司の観察が開始されるのである。少年保護司が観察を開始した本人につき、他の保護処分を為す必要があると認めた場合にはこれを少年審判所に申述し、これに依って少年審判所は保護処分の併科または変更を行うこととなる（大正十一年十二月司法省令仮出獄少年取締規則、大正十二年一月司法省訓令執行猶予少年取扱規程）。

（註二）少年審判所の管轄区域外に於いては、執行猶予少年に対する少年審判所の事務は地方裁判所の検事が行い、仮出獄少年に対する少年審判所の事務は刑務所が行い、また少年保護司の事務は司法大臣の指定したる保護団体その他適当なる者をして行わしめ得ることになって居る。

第四節　保護の内容

一　訓誡

少年審判官は、訓誡を加うべきものと認めた場合には、本人に対して従来の行為・行状の非違を指摘し、是非善悪の道理を説き、将来守るべき事柄を諭し聞かせるのである。而して、訓誡は一時的な処分であって、それ以後の継続的輔導を伴わないのであるから、少年審判官は訓誡をする時には成るべく保護者および附添人をこれに立会わせて訓誡の趣旨を了解させ、訓誡の効果を持続させることに努めて居る（少年法四十八条）。

二　学校長の訓誡

本人が学生、生徒である場合には、その少年の在学して居る学校の校長に、訓誡を委嘱することがある。その理由は、学校長は、本人の性情・境遇等を最もよく知って居るのみならず、本人の改過遷善を図る絶好の地位にあるからである。少年審判官は、学校長に訓誡を委託することが適当であると認めた場合には、学校長に対し、本人の不良行為または犯罪行為の内容、その他訓誡をする上に知っておくべき事柄を示して、訓誡を委嘱するのである（法四十九条）。

三　書面誓約

少年審判官は、本人に対し口頭で訓誡を加えただけでは足りないと考える場合に、改心の誓約書を出させることがある。誓約書を出させれば少年としても印象が深く、効果も強いわけである。その効果を一層強める為め、成るべく保護者をしてこれに立会わしめ、その誓約書に連署させることにして居る（法五十条）。

四　条件附保護者引渡

条件を附して保護者に引渡すべきものと認めたるときは、少年審判官は、保護者に対し、本人の保護監督に必要なる条件を指示して、本人を引渡す。保護監督に必要なる条件とは、例えば、夜間外出させてはならないとか、悪友何某と交際させてはならないとか、速やかに本人の意向を参酌して就職させよ等々、少年の個性環境等に従い千差万別であるが、要は、不良化の原因を除去し、善良化の原因たり得るものを採り入れさせるのである。引渡を受ける保護者は、指示された条件に従って本人を保護監督しなければならない（法五十一条）。少年審判所は引渡の後に於いて保護者に対しその成績の報告を求むることが出来、また少年保護司をしてその成績を視察し、適当なる指示を為さしむることが出来る（法五十七条、五十八条）。

五　委託保護

（一）委託の処分

少年審判官は「寺院、教会、保護団体又ハ適当ナル者ニ委託スベキモノト認メタルトキ」には委託を受くべき者に対し、本人の処遇上参考となるべき事柄を指示して保護監督の任務を委託する（法五十二条）。保護団体に委託する場合を保護団体委託と称し、その他適当なる者に委託する場合を個人委託と称している。「適当ナル者」とは、教育家、宗教家、社会事業家、工場主、商店主、農耕者など、その地位職業に制限なく、少年の保護監督を為すに適する人を謂う。

委託を為した場合には、少年審判所は、受託者が本人の保護監督の為めに要した費用の全部又は一部を給付することが出来る（法六十条）。

（二）保護団体に於ける保護の実情

その委嘱を受けた「寺院、教会、保護団体又ハ適当ナル者」が行う保護監督の方法は、大体に於いて次の如くである。

（イ）少年を一定の収容所に集団的に起居せしめ、一定の日課の下に相当規律的なる生活を為さしめ、職業に関する訓練を主要手段として性情の陶冶を為すもの、すなわち、内容として技術訓練を主とし、形式として集団的収容の形態をとる保護監督の方法である。従来の委託処分の大部分、特に保護団体委託は殆どすべて、この形式をとる。

（ロ）少年を一定の収容場に集団的に起居せしめ、一定の日課の下に相当規律的なる生活を為さしめるが、しかし前者と異なり、技術に関する訓練を行わず、学校に通学せしめまたは寮舎内に於いて学習および修養を行わしめることを内容とするもの、すなわち私塾的形態をとる保護監督の方法である。これも集団的収容の一種に外ならないが、前者よりは小規模であるのを常とする。

（ハ）いわゆる家庭委託、すなわち少年を家庭に起居せしめて、その保護監督を為すもの。この形態に於いては、一家庭に起居せしめられる少年の数は一人たることを原則とし、仮に二人以上の少年を委託する場合に於いても集団的処遇を予想しないのであるから、家庭委託は結局個別的保護の委託である。その保護監督の内容は、従来の例に依れば、家庭的な躾け訓育を主とするのであって、技術訓練の如きはこの場合の目的とならないことが多い。しかしながら、例えば小工業を営む者に対して、少年をして徒弟としての訓育を受けしむることを目的として委託を為すことも考え得るし、その他種々の個人委託の形が考えられる。

現在五号処分に依る少年の受託をしている少年保護団体の数は相当多いが、各保護団体の収容力はまちまちで、中には百名以上の収容力を有するものもあるが、多くの団体の収容力は二十名から三十名前後である。男子と女子とはそれぞれ別個の保護団体に委託されて居る。どの少年審判所の管内にも、女子だけを専門に保護する保護団体が幾つか存在している。また療養保護を専門とする特殊の少年保護団体もある。

〔教養の方法〕 委託を受けた者は、右のような種々の形態に於いて少年の保護監督に当たるのであるが、その保護監督の実行については、少年審判所から処遇上の参考事項として指示された事項を考慮し、また随時に少年保護司その他を通じて行わるる少年審判官の指示に従って、これを行うのである。

保護団体に委託される少年は、多くは、家庭を離れて寄辺なく浮浪中のもの、または家庭に於いて教化することの不適当なるもの、或いは不良の程度の進んでいるもの等である。これに対する教養の方法は、保護団体によってそれぞれ異なるが、大体に於いて、学科と作業を併課し、朝夕に礼拝、修養訓話などを行う。学科は、少年の教育の程度に応じて、読方、算術、綴方、書方などを課し、または中等校初年級程度の学科を教えている。作業は、勤労の生活に慣れさせると共に性格の陶冶に役立たせる方針を以て行われて居る。作業では少年の将来に於ける職業生活に役立たせるような技術的訓練を与えることが必要であり、どこの保護団体に於いてもそれを熱望しているのであるが、種々の関係からそれを遺憾なき程度に遣り得るに至っていない。作業種類も屋内従業が大部分であり、しかも内職程度の手間仕事に過ぎぬものが多かった。しかし最近に於いては、業種に於いても指導方法に於いても目覚ましい改善が行われつつある。現在各団体に於いて行われている作業の種類は、農業、園芸、養豚、養鶏、家具製造、唐木細工、竹細工、籐細工、ミシン裁縫、刺繍、菓子製造、印刷、自転車部分品製造、精密器械製造、軍需品加工、その他多種多様であり、中には、旋盤数十台を設備し、数名の熟練工を指導員として少年技術工の訓練をしている保護団体もある。

委託保護を継続される期間は、本人の成績如何に依る。少年審判官は何時にてもこれを取消し、または他の保護処分に変更することが出来るのである（少年法五条）。従来この保護処分に付せられた者の大多数は収容後一年乃至二年で退出せしめられて居る。

六　少年保護司の観察

（一）観察に付するの処分

少年審判官は、本人を少年保護司の観察に付すべきものと認めたるときには、少年保護司に対し、本人の保護監督につき必要なる事柄を指示して、「観察」を為さしめるのである（少年法五十三条）。「観察」とは、継続して本人の性情行動を視察し、必要なる指導援護を与うることを謂う。従って観察は、本人の行状を視察するという点では警察視察と似ているけれども、その目的は、積極的に少年を指導訓諭しこれに不断の援助を与え、その性格の矯正、境遇の改善を図ることにあり、警察監視の目的が単に「将来ヲ検束スル」にあるのとは、本質的に異なる。観察の目的は行状を視察することではなくて指導援護を与えることに存するのである。

少年審判官は本人を観察するに際しては、本人に対する行状視察と指導援護とが便宜且つ適切に行われ得るように考慮する。すなわち、一方に於いては少年の性情、環境および居所を考慮し、他方に於いては少年保護司の性格、経験、地位、および居所等を勘考し、彼此考覈《こうかく》してその観察に当たらしむべき少年保護司を特定し、その特定の少年保護司に対し、本人の保護監督につき必要なる事項を指示して、観察の通知をするのである。

（二）保護観察の実際［註・原書の通し番号（三）を（二）に修正］

少年保護司は少年審判所から少年の観察を担当せしめられたときには、直ちに準備をして観察を開始するのである。準備としては、少年審判所と連絡をとって、その少年の為した行為の内容、平素の性情、境遇、今後の指導に関する少年審判官の意見、その他参考となるべき事柄を一通り調べて方針を樹《た》てるのであって、この準備が出来たら観察を開始する。

観察をするには、或いは訪問、或いは通信等の方法に依り常に本人と接触を保ち、或る時は訓戒し、或る時は激励し、或る時は慰撫し、また或る時は復職斡旋をし、或る時は復学斡旋をし、或いは家庭内の融和を図ってやり、或いは病気の療養について世話をし、または交友や近隣の関係を調整してやる等、少年の良き師友として、断えず面倒を見てやり、指導し遷善せしめるのである。観察の方法は、少年の性情や境遇に応じて千差万別である。観察の遂行については、少年審判所から少年の保護監督上必要なる指示を与えられるのであるが、観察事務それ自体は少年保護司の本然の職務であるから、少年保護司は、少年審判所の指示を指導規準として、具体的事情に即して自らこれを裁量し、自らこれを実行しなければならぬ。司法省では、少年保護司の執務心得を次のように定めて居る。これは、観察の遂行だけに関する注意ではなく、調査事務に関する注意も含む一般的な心得であるが、少年保護司に対する最少限の要求であると見ることが出来る。

少年保護司執務心得（大正十二年一月一日司法省訓令）

少年保護司ハ少年審判官ヲ輔佐シテ審判ノ資料ヲ供シ観察事務ヲ掌ル者ナルヲ以テ、常ニ公平無私親切丁寧ヲ旨トシ、能《よ》ク秘密ヲ守リ徒《いたずら》ニ人ノ名誉ヲ毀損《きそん》セザルコトニ注意シ、審判資料ノ蒐集ヲ為スニハ敏速緻密ニシテ要領ヲ失《わ》ハザルコトヲ期シ以テ少年審判官ヲシテ適切ナル処分ヲ為スコトヲ得シメ、観察ヲ為スニハ善良ナル師友トシテ少年ヲ指導訓諭シ之ニ不断ノ援助ヲ与《え》ヘ其ノ性格ノ矯正境遇ノ改善ヲ図リ、以テ其ノ職責ヲ完ウスルコトニ努ムベク、而シテ其ノ職務ヲ行《う》フニ付テハ特ニ左ノ事項ヲ心得ベシ

一　学校、寺院、教会、保護団体、職業紹介所其ノ他少年ノ保護ニ関係アル各機関ト密接ナル連繋ヲ保ツコト

一　少年ノ委託又ハ送致ヲ為スベキ各機関ニ付《つき》常ニ詳細ナル調査ヲ為シ其ノ状況ヲ少年審判所ニ報告スルコト

一　調査了リタルトキハ少年ノ処分ニ関シ意見ヲ附シ審判期日ニハ成ルベク出席スルコト

一　審判期日ニ在席セシムルコトヲ相当ト思料スル者アルトキハ予《あらかじ》メ少年審判所ニ其ノ申出ヲ為スコト

一　観察ヲ為スベキ少年、保護者、其ノ他必要ト認ムル者ニハ観察ノ趣旨ヲ会得セシムルコト

一　常ニ日常ノ状況ニ注意シテ適切ナル鼓舞奨励ヲ為スコト

一　少年ノ年齢、性行、経歴、家庭ノ状況等ヲ斟酌シテ就学又ハ就職ニ必要ナル援助ヲ与《う》フルコト

一　在学中ノ少年ニ付テハ特ニ其ノ行状、学科実科ノ成績、勤惰ノ状況等ニ注意スルコト

一　被雇中ノ少年ニ付テハ特ニ其ノ行状、職業ニ対スル意向、勉否ノ状況等ニ注意スルコト

一　旅行ヲ為《な》サム《ん》トスル少年ニハ其ノ事由、行先地、旅行日数ヲ申出デシメ、出発前特ニ旅行ニ付必要ナル注意ヲ与《う》フルコト

一　旅行ヲ了《おわ》リタル少年ニハ旅行ノ経過、旅行中ノ出来事ヲ申出デシムルコト

一　住居、交友、娯楽、保護者トノ関係其ノ他ノ事情、少年ノ為不適当ナリト思料スルトキハ、保護者ト協議シテ適当ナル措置ヲ為スコト

一　保護処分ノ取消、変更又ハ仮退院、仮出獄、刑ノ執行猶予ノ取消ヲ為スベキ事由アリト思料スルトキハ之ヲ少年審判所ニ申出デルコト

一　住居ノ変更、所在不明又ハ死亡ノ事実ヲ知リタルトキハ遅滞ナク之ヲ少年審判所ニ申出ヅルコト
一　観察ノ成績ハ毎月少年審判所ニ報告スルコト
一　観察簿ニハ必要ナル事項ヲ漏ナク記載スルコト
一　観察了リタルトキハ遅滞ナク観察簿、関係文書ヲ少年審判所ニ提出スルコト

観察を開始してからこれを終わるまでに幾許の年月を要するかといえば、これも前項の委託処分と同様本人の成績次第である。少年審判官は何時でもこれを取消し、または変更することが出来るのである。従来半年乃至一年半の観察に依って良好なる成績を収め処分取消となって居るものが多い。

観察を受ける少年は、普通の順良な青少年に比較して、特殊な性情、特殊な境遇にあるものであるから、これを導いて順良なる国民たらしめる為めには、担当保護司は並々ならぬ苦心をしなければならぬ。常識に富み世故《せこ》に長け、親切丁寧、慈愛・同情・理解を以て人に接し得る人でなければ、不幸なる少年を順良なる国民たらしめることは困難である。失望させられることもあり、措置に迷わされることもある。しかしこれらの困難を乗り越え、心労に負けずに、誠意を以て輔導に当たるときに、保護司と少年との間には親愛なる人間的関係が生まれ、少年は保護司を信頼するようになり、この親愛と信頼の中から少年の心は浄められ高められ、健実な生活態度が少年の心に確立されて来るのである。斯様にして、固く閉ざされた魂が開かれ、人間一人を不幸なる闇から光明の世界に救い出し得たときには、少年保護司は、譬《たと》えようもない深い悦びを味わされるものである。

七　少年教護院に送致

少年審判所は本人を少年教護院に送致すべきものと認めた場合には、少年教護院の長に対し本人の処遇上参考となるべき事項を指示してこれを引渡す（法五十四条）。少年教護院は少年教護法に基づいて保護教化を与える施設である。

八　矯正院に於ける保護

少年審判所で審判に付した少年の中には、その性情に依り観察処分または委託処分よりは矯正院に送致して厳格なる規律の下に教養を施すことを適当とするものがある。少年審判官は本人を矯正院に送致すべきものと認めたるときは矯正院長に対し、本人の処遇上参考となるべき事項を指示してこれを引渡すことを要する（法五十四条）。

矯正院に入る者は、このようにして少年審判所から保護処分に依り送致された者だけではない。少年審判所、裁判所または予審判事の為したる仮処分に依り仮に矯正院に委託せられたる者（法三十七条、六十六条、矯正院法三条）および民法第八百八十二条の規定に依り裁判所の許可ありたる者も此処に収容せられるのである（矯正院法一条）。しかし前者については、保護処分に依る収容者と区別して処遇することを必要とするため、矯正院に於いては特に区画したる場所を設けてこれを置くこととなって居り（矯正院法三条）、現在に於いては各少年院いずれもその本庁舎と離れて少年審判所の庁舎に近く特設収容所を置いている。後者に依る少年の実数は必ずしも多くはない。十六歳未満の者と十六歳以上の者とは分界を設けて各別にこれを収容する（矯正院法五条）。

矯正院に於いては在院者に対してはその性格を矯正するため厳格なる紀律の下に教養を施し、その生活に必要なる実業を練習せしめる（矯正院法九条）。矯正院の長は一定の範囲内に於いて、在院者の懲戒および未成年の在院者および仮退院者のため、親権者または後見人の職務に属する各個の行為を為すことが出来る（矯正院法十条、十一条）。

在院者は他の保護処分と同様二十三歳までは在院せしめて保護を継続することが出来る（同法二条）。しかし保護処分執行の目的を達したと認むるときにはこれを退院せしめねばならぬ。また収容後六ケ月を経過した者に対しては条件を指定して仮に退院を許すことが出来、その後退院者が指定の条件に違背したときには仮退院を取消すことが出来る。いずれの場合にも少年審判所の許可を必要とする（同法十二条、十三条、十四条）。なお仮退院中の少年は少年保護司の観察に付することになって居る（同法十三条二項）。

九　病院に送致または委託

少年の犯罪行為または虞犯行為に関連して、身体または精神の生理病理的欠陥が存する場合、またはその少年の更生上、特に医療的方法を講ずる必要ある場合には、その欠陥を匡救することが必要であるから、少年審判所に於いては病院に送致または委託の保護処分を為す。官公立精神病院の如く、収容の義務あるものにはこれを送致し、私立病院の如くその義務なきものにはこれを委託するのである。少年審判所がこの処分を為すには、その病院に対し本人の処遇につき参考となるべき事項を指示してこれを引渡さなければならぬ（法五十四条）。現在に於いては普通の病院に於いては保護処分に依る少年の受託を喜ばないのでこの病院委託の処分は殆ど行われて居ない。故に少年審判所に於いては、少年保護団体にして療養の設備を有するものの設立および整備を勧奨し、それらの特殊少年保護団体に対する委託を以て現実の必要に応じている状態である。

第五章　思想犯保護事業

思想犯保護事業には既に述べたように広狭の二義があり得る。広義に於いては、一般に思想犯に対する保護の事業の全部を指し、狭義に於いては、思想犯保護観察法に基づいて保護観察所が行うところの保護観察の運営を謂う。後者は国家事業であって、究極に於いて民間人の任意行為たる釈放者および猶予者の保護事業と異なる。現状に於いては、この後者、すなわち思想犯保護観察法に基づく保護観察の運営が、思想犯保護事業の殆ど全部であると謂うことが出来る。本章に於いてはこの国家事業としての思想犯保護事業の組織と運営の実状につき略述する。

第一節　保護の対象

一　保護観察の対象

思想犯保護事業に於いて保護観察の対象となるものは、治安維持法の罪を犯して起訴猶予、刑執行猶予、仮釈放または満期釈放の処分に処せられた者である（思想犯保護観察法——以下「法」と略す——一条）。

思想犯或いは思想犯人という言葉は、広義に解すれば思想を背景とする犯罪を為した者をすべて包含するのであるが、保護観察の対象たり得る者は、治安維持法の罪を犯したる者だけである。すなわち、国体を変革することを目的として結社を組織したる者または結社の役員その他指導者たる任務に従事したる者、情を知りて結社に加入したる者または結社の目的遂行の為にする行為を為したる者、および私有財産制度を否認することを目的として結社を組織したる者、または情を知りて結社に加入したる者、もしくは結社の目的遂行の為にする行為を為したる者に限る（治安維持法参照）。他の犯罪と競合もしくは手段結果の関係ある場合は当然これに包含されるが、単なる不敬罪、左翼的色彩を帯びる労働運動、農民運動に基因する犯罪でも治安維持法に触れないもの、右翼的運動に依る犯罪でも私有財産制度の否認を目的としないもの等は、これに包含されない。

二　対象の思想状態

思想犯保護の対象については、その思想状態の如何が最大の問題である。対象者の思想状態は、革命思想の程度に従って、転向、準転向および非転向の三段階に分かつことが出来る。

①　**転向者**――転向者とは、革命思想を完全に抛棄《ほうき》した者を謂う。革命思想とは、国体を変革し、または現存の社会制度を非合法手段に依り変革せんとする思想を謂うのであるが、これを抛棄したところのいわゆる転向者は、これを更に細別することが出来る。すなわち（イ）革命思想を抛棄した者に於いても、その思想の程度は種々であって、例えば、（イ）非合法運動には絶対に関与しないが、それは革命思想の誤謬を認めたからではなくて、自己の性格、家庭その他の事情、または功利的打算的動機に基づき、逃避的に一切の社会運動より離脱せんとするもの、或いは将来も合法的範囲に於いて社会運動を継続せんとするもの、或いは合法運動に対する態度未定なるもの等である。これらの者は思想的にはなお自由主義、個人主義にとどまり、思想転向の最も低度なるものに属する。（ロ）これに反し、

我が国体の本義を認識し、広大無辺なる皇室の御恩を思い、我が国古来の家族制度、同胞観念、民族精神に目覚め、日本民族としての自覚に立ち、日本人としての良心より自己の過去の行動を懺悔し、革命的思想に対して批判的態度を執るに至れる者は、相当に転向の程度高きものと謂わねばならぬ。更に、（ハ）完全に日本精神を理解体得し、忠良なる日本臣民として堅実なる社会生活に入り、職域に拠って奉公の誠を実践せんとする意志に燃ゆる者がある。この段階に入って始めて完全なる転向者と認めなければならない。

② **準転向者**――革命思想を抛棄せんとする状態にある者を謂う。その中には、革命思想の信念に動揺を生じ将来これを抛棄する見込みある者、革命思想は抛棄せざるも将来一切の社会運動より離脱せんことを誓える者等を算《かぞ》えることが出来る。

③ **非転向者**――依然として国体変革、私有財産制否認の革命思想を抱懐し、その思想の実践化に努めんとする者である。

第二節　保護の機関

思想犯保護の機関としては、保護観察所と保護観察審査会がある。なお民間の思想保護団体もこれに関与せしめられる。

一　保護観察所

（一）保護観察所の構成

保護観察所は、保護観察に関する事務を掌る官庁である。昭和十一年十一月勅令第四百三号「保護観察所官制」に依り設置せられ、司法大臣の管理に属する。

保護観察所には、所長、輔導官、保護司および書記を置く。所長は司法大臣の指揮監督を承けて保護観察所の事務を掌理し、所部の職員を指揮監督する。輔導官を以てこれに充てる。輔導官は、所長たる輔導官を除くの外、所長の命を承け保護観察所の事務を掌る。

保護司は所長の命を承け、調査および観察事務を掌る。保護司には官吏たる専任の保護司と、嘱託保護司がある。嘱託保護司は司法大臣より保護司の職務を嘱託せられた者である。保護司は、専任たる者も嘱託の者も、常に被保護者本人と接触して保護指導の任に当たるものであるから、司法省では特に「保護観察所保護司執務規範」（昭和十一年十一月司法省訓令第一号）を定めて保護司の事務執行の適正を得ることを期して居る。

書記は庶務に従事する。

（二）保護観察所の名称、位置および管轄区域

は左の如くである（昭和十一年十一月司法省告示第八十三号）。

名称	位置	管轄区域
東京保護観察所	東京市	東京府、千葉県、埼玉県、山梨県
横浜保護観察所	横浜市	神奈川県
水戸保護観察所	水戸市	茨城県
前橋保護観察所	前橋市	群馬県、栃木県
静岡保護観察所	静岡市	静岡県
長野保護観察所	長野市	長野県
新潟保護観察所	新潟市	新潟県
大阪保護観察所	大阪市	大阪府、奈良県、和歌山県
京都保護観察所	京都市	京都府、滋賀県
神戸保護観察所	神戸市	兵庫県
高松保護観察所	高松市	香川県、徳島県、高知県
名古屋保護観察所	名古屋市	愛知県、岐阜県、三重県
金沢保護観察所	金沢市	石川県、富山県、福井県
広島保護観察所	広島市	広島県、島根県、山口県、愛媛県

岡山保護観察所	岡山市	岡山県、鳥取県
福岡保護観察所	福岡市	福岡県、大分県、佐賀県、長崎県
熊本保護観察所	熊本市	熊本県、鹿児島県、宮崎県、沖縄県
仙台保護観察所	仙台市	宮城県、福島県
秋田保護観察所	秋田市	秋田県、山形県
青森保護観察所	青森市	青森県、岩手県
札幌保護観察所	札幌市	北海道ノ一部、樺太
函館保護観察所	函館市	北海道ノ一部

二　保護観察審査会

保護観察を執行する機関は保護観察所であるが、本人を保護観察に付するや否やを決定することは、保護観察所の権限に属しない。元来、保護観察に付することは、本人の自由に対する制限を伴うこととなるのであるから、充分慎重なる態度を以てこれを決すべきであり、苟《いやし》くも不当の人権侵犯があってはならないのみならず、その危惧をも生ぜしめてはならない。故に思想犯保護観察法に於いては、保護観察の要否の決定は、これを保護観察所の裁量に委せず、各方面の識者の意見に聴いてこれを定める趣旨を以て、保護観察審査会の決議に依るべきものとしたのである（法一条、五条）。

保護観察審査会は、保護観察所の請求に基づき、本人を保護観察に付すべきや否や、また保護観察の期間を更新すべきや否やを審議する機関である。各保護観察所に附置せられ、司法大臣の監督に属する（保護観察審査会官制一条、二条）。

保護観察審査会は会長一人および委員六人を以て構成せられ、外に四人の予備委員を置く。会長、委員および予備委員は、司法部内高等官および学識経験ある者の中から司法大臣が任命する。その任期は二年である（官制三条、四条）。

三　保護団体その他

保護団体、寺院、教会、病院その他適当なる者は、保護観察所から対象者に対する保護観察を委託されることがある。その委託を為すべき保護団体は、司法大臣が指定する（思想犯保護観察法施行令——以下「令」と略す——二条）。現在指定されて居る保護団体は、司法保護事業法施行規則第十五条に謂うところの思想保護団体たるものだけでなく、釈放者保護団体にして指定されて居るものもある。しかし、今後専門の思想保護団体の整備に伴い、右の指定は漸次思想保護団体に集中するであろうと考えられる。

第三節　保護の手続き

一　保護観察

（一）保護観察の処分

思想犯保護観察制度に於ける保護は、「保護観察」として行われる。保護観察の処分は次の三種である（法三条）。

一　本人を保護観察所の保護司の観察に付すること

二　本人を保護者に引渡すこと

三　本人を保護団体、教会、病院、その他適当なる者に委託すること

右の各種の保護観察に於いては、本人を保護して更に罪を犯すの危険を防止する為、その思想および行動を観察するものである（法二条）。

（二）附加処分

右に掲げた保護観察の処分を以てしては、本人の保護指導につき不充分と思料せられる場合には、附加処分として、本人に対し、居住の制限、交友の制限、通信の制限、その他適当と認むる条件の遵守を命ずることが出来る（法四条）。

いわゆる適当と認むる条件とは、例えば善行保持の誓約の如きものを含むのである。

（三）処分の併科、継続、取消または変更

右の三種の保護観察の処分は、必要に依っては適宜併せてこれを為すことが出来る。処分の併科は、必ずしも同時に為さるることを要せず、先に或る処分を為し、後にこれに加えて他の処分を科することも出来る。

保護観察の期間は二年である。しかし特に継続の必要ある場合には、保護観察審査会の決議に依りこれを更新することが出来る（法五条）。実際上、保護観察に付せられた者が、二年を経過してもなお思想の完成または生活の安定を得ないときには、これを更新して更に二年間保護観察に付するのである。しかしまた、保護観察の継続中、本人の思想の完成、生活の確立等に依り、最早や保護観察を継続するの必要なきに至る場合もある。斯様な場合には、二年を待たずして適宜にこれを解除するのが相当である。故に保護観察の処分または附加処分は、その執行中何時にてもこれを取消し、または変更し得ることになって居る（法七条）。本人の成績その他事情に応じてこれを為すのである。併科処分の一部分だけを取消すことも出来る。

二　保護観察事件の受理

思想犯人を右の如き保護観察に付する手続きは、まず事件の受理に始まる。保護観察所が事件を受理するのは、関

係官庁より通知を受けた場合、保護観察所自体に於いて認知した場合、および他の保護観察所より移送を受けた場合である。

（イ）通知に依る受理――治安維持法の罪を犯したる者に対し、刑の執行猶予の言渡ありたる場合に於いては、その言渡を為したる裁判所の検事局、本人に対し訴追を必要とせざる為公訴を提起せざる場合に於いては、その処分を為したる検事局、本人刑の執行を終わり、または仮出獄を許されたる場合に於いては、その釈放を為したる刑務所は、その旨を本人の現住所または帰住地を管轄する保護観察所に通知する。本法施行前に通知事由を生じたる場合に付いては、右の通知は、各々関係官庁に於いて必要ありと思料する者についてのみこれを為す。通知に於いては、保護観察に関する意見を附し、且つ犯罪事実の要旨その他参考となるべき資料を添付することになって居る。

（ロ）認知に依る受理――右の関係官庁の通知が著しく遅延した場合、本人が関係官庁に通告した帰住地に帰住しない場合、本人が保護を願い出た場合、保護者その他の者から通告があった場合、一旦保護観察の要なしと認め保護観察に付するの手続きを採らざりしも、その後に於いて保護観察の要ある如く思料されるに至った場合、その他の場合に於いて、保護観察所は対象者の存在を自ら認知してこれを事件として受理することが出来る。

三　調査

保護観察所が事件を受理した場合には、本人を保護観察に付すべきや否やを定めねばならぬが、この決定は保護観察審査会の権限に属するから、保護観察所は保護観察審査会に対し、資料を添えて審議を請求せねばならぬ。その審議資料の蒐集精査が、此処に謂うところの調査である。

（一）調査事項

保護観察所は、関係官庁の通知を受けたるとき、または保護観察に付すべき者あることを認知したるときは、速やかに調査を為さなければならぬ。調査すべき事項は、本人の経歴、境遇、性行、心身の状況、思想の推移、その他必要なる事項である（令四条）。なかんずく、思想の推移は、最も肝腎な問題であって、思想浸潤《しんじゅん》の程度、思想変化の時期、動機、推移の状況、現在の転向の有無、程度、行動の変化等、詳細に亙らなければならぬ。

（二）調査の方法

調査は保護司が行う（令五条）。事実の取調べに関しては、保護観察所はこれを保護者に命じ、または保護団体に委託することを得る。また、保護者または保護団体は、参考となるべき資料を差し出すことが出来る（令六条）。

調査の為必要なるときは、保護観察所は、参考人に出頭を命じ、必要なる事実の供述または鑑定を為さしむることを得る（令七条一項）。出頭した参考人は費用を請求することが出来る（同二項）。また、必要なるときは保護観察所は保護司をして本人を同行せしむることが出来る（法八条）。同行（註一）とは強制的同行を謂う。同行したときはこれを保護者に通知するを要する（令一五条）。また、保護観察所および保護司は、その職務を行うにつき必要なるときは、公務所または公務員に対し、嘱託を為し、その他必要なる補助を求むることが出来る（法九条）（註二）。

（註一・二）同行および公務所または公務員の補助請求は、単に調査の場合に限らず、広く職務を行うにつき必要なるときは何時でもこれを為すことが出来るのである。

四　保護観察に付すべきや否やの決定

（一）保護観察審査会の審議

本人を保護観察に付するの必要ありや否やの決定は、保護観察審査会の権限に属するから、保護観察所は、調査の結果に依り、本人を保護観察に付すべきものと思料するときには、保護観察審査会の審議を請求せねばならぬ（令八条）。

保護観察審査会は、右の請求があったときは、会議を開き、保護観察に付するの要否を決定せねばならぬ。会議は、会長および委員を併せ五人以上出席しなければ開くことを得ない。議事は出席者の過半数に依りこれを決し、可否同数なるときは会長がこれを決する（審査会官制八条）。

保護観察審査会は、保護司その他適当なる者の出席を求め、その意見を徴することが出来る（令九条）。審議は公行しない。但し本人、保護者、その他適当と認むる者に在席を許すことは出来る（令十条）。

保護観察審査会は、審査の結果に依り、保護観察に付すべきや否やを決議したならば、これに理由を附し、書面を以て保護観察所に通知するを要する（令十一条）。

(二) 要否決定の基準

如何なる場合には保護観察に付することを要し、如何なる場合にはこれを必要としないかは、保護観察審査会が各場合に具体的事案につき判断を為すべきものであるが、その一般的基準は、次の如くであると考える。なお、その要否につき疑問があるときには、成るべく広く解釈して保護観察に付すべきものであると思う。

非転向者および準転向者は、一は依然として革命思想を懐抱し、他はこれを拋棄すべきや否やにつき迷える者であるから、思想指導の必要上、悉くこれを保護観察に付することを要する。これに反し転向者は、思想的には既に安定を得ているけれども、未だ生活の安定を得ざる者があり、これについてはこれを保護観察に付すべきものである。もし本人にして思想を確立し、その生活も安定しているならば、敢えて保護観察に付するの必要は存しない。

五　仮処分

保護観察の処分は前述の如く保護観察審査会の決定を俟って為すべきものであるが、保護観察所は、保護観察審査会の決定前に於いて「必要アルトキハ」仮に処分を為すことが出来る（法六条）。「必要アルトキ」とは、本人の性行、経歴、心境変化の態様、生活の状態その他の事情に照らし、調査の完了または保護観察審査会の決議を待つこと能わざる場合であって、例えば、本人の所在韜晦《とうかい》その他、保護観察処分に対する手続きの進行（例えば調査）に障碍を及ぼすべき事情あり、または斯かる事情を生ずべき虞ある場合、本人の将来に於ける犯行を防遏する為め猶予すべからざる場合、将来保護観察に付する見込みある者にして思想の指導または生活の安定上猶予すべからざる場合の如きである。

仮処分として為し得る事項は、思想犯保護法第三条の処分に限られる。同法第四条の附加処分は為すことを得ない。すなわち仮に為し得る処分は次の三種である。

一　保護観察所の保護司の観察に付すること
二　保護者に引渡すこと
三　保護団体、教会、病院、その他適当なる者に委託すること

仮処分は、保護観察所に於いて、何時にてもこれを取消し、または変更することを得る（法七条）。保護観察所に於いて調査の結果、本人を保護観察に付するの要なしと思料し保護観察査会の審議を求めずと決定した場合、また、保護観察査会に於いて保護観察の要なき旨の決議があった場合には、保護観察所は当然その仮処分を取消すことを要する。

仮処分を為した場合、およびその取消を為した場合には、保護観察所はその旨を、本人、関係官庁、および本人の保護者に通知しなければならぬ（令十四条および十五条）。

六　保護観察処分の内容決定とその執行

保護観察所は、保護観察審査会から、本人を保護観察に付すべき旨の決議の通知を受けたならば、本人に対し如何なる種類の処分を為すべきかを、具体的に決定せねばならぬ。処分は三種の保護観察の処分の外、附加処分として「居住、交友又ハ通知ノ制限其ノ他適当ナル条件ノ遵守ヲ命ズルコトヲ得」ることは前述の如くであるが、居住の制限の処分を為すには、本人およびその家族の居住および生計上の事情を斟酌しなければならぬ（令十二条十三条）。右の処分を為した場合には、保護観察所はその旨を本人、関係官庁および保護者に通知しなければならぬ（令十四条および十五条）。

保護観察所の処分は終局処分であり、不服申立の途はない。保護観察所は、直ちにこれを執行しなければならぬ（令十七条）。執行の態様はおよそ左の如くである。

いずれの処分を為す場合に於いても、本人に対しては処分の意義を説示し、且つ将来を戒むる為め適当なる訓諭を為すことを要する（令十八条）。而してこの場合、その訓諭を一層効果あらしむる為、成るべく本人の保護者またはその他適当と認むる者を立会わせて、将来に於ける訓諭の実効を確保するの方法を講ずべきである（同条二項）。

保護司の観察に付するの処分を為したるときには、その担当保護司に対し、本人の保護指導上特に必要なる事項を指示して、本人の監督指導を為さしめねばならぬ（令十九条）。保護者に引渡すの処分を為したときには、保護者に対し、本人の監督指導につき参考となるべき事項を指示し、且つこれに本人を引渡さねばならぬ（令二十条）。また、保護団体、寺院、教会、病院その他適当なる者に委託するの処分を為したるときには、その委託を受くべき者に対し、本人の処置につき参考となるべき事項を指示し、監督指導の任務を委嘱しなければならぬ（令二十一条）。

保護観察所の処分に付いては、保護観察所は調書を作り、処分の内容およびその執行を明確にし、その他必要と認むる事項を記載するを要する（令二十二条）。

七　監督指導

保護観察所が、保護観察の処分を為した場合には、その後の本人に対する監督指導は、保護司、保護者、または保護団体等に於いて為すのであるが、保護観察所は引き続きその監督指導の状況につき左の如き監督の方法を講ずる。

保護観察所は、本人を保護者に引渡し、または保護団体等に委託するの処分を為した場合に於いては、第一、保護者または受託者に対して成績報告を求めることが出来、第二、保護司をして成績を視察し適当なる指示を為さしむることが出来ることになって居る（令二十三条）。

保護司は、その視察に於いては、本人の家庭関係、職業の有無および生計状態、健康状態、交友関係（通信の状況その他の動静）、条件遵守の状況、思想の推移、保護者または受託者の監督指導の状況、その他参考となるべき事項に、常に留意して、その視察したる結果を保護観察所に報告せねばならぬ（令二十四条）。また、本人に対する処分を取消しもしくは変更し、または保護観察の期間を更新継続すべき事由ありと思料した場合には、速やかにその旨を保護観察所に報告せねばならぬ（令二十五条）。

これらの方法に依って保護観察所は本人の動静、本人に対する監督指導の状況を知り、これに基づいて思想の確立、生活の安定につき輔導の完璧を期し、保護観察の目的の達成に努むるのである。

八　費用の補給および徴収

本人を保護団体、寺院、教会、病院または適当なる者に委託したときには、受託者に対し、これに因りて生じたる費用の全部または一部を給付することを得る（法十条）。この給付は、本処分としての委託の場合にも、仮処分としての委託の場合にも、為すことが出来る。現在、各保護観察所に於いては、原則として費用の一部を補給することとして居る。

右の費用は、保護観察所の命令に依り、本人または本人を扶養する義務ある者より、その全部または一部を徴収することを得ることになって居る（法十一条）。この費用の徴収に当たっては、本人または扶養義務者の資産状態を充分考慮し、苛酷の取扱いを為さざる様注意すべきことは勿論である。

第四節　保護の実状

思想犯人に対する保護観察の目標は、思想犯人をして忠良なる日本国民たらしめ、国家に対する奉公の志を展《の》べしむることにあらねばならない。勿論、制度としての思想犯保護観察制度の目標は、刑事政策一般の目的に照応して、再犯の防遏に存することは明らかである。而して一般に、再犯防遏の為めに採られなければならぬ方法が犯人改善という方式に存することは、既に第一章に於いても考察したところである。このような刑事政策の立場に立って、犯人改善の手段を保護観察という方式に求め、この保護観察という方式を制度化したものがすなわち思想犯保護観察法であって、同法第二条に「保護観察ニ於テハ本人ヲ保護シテ更ニ罪ヲ犯スノ危険ヲ防止スル為其ノ思想及行動ヲ観察スルモノトス」というのはその趣旨に外ならないのであるが、さてそれでは、犯人改善の為めの保護観察は、如何なる内容を持ち如何なる性格を帯びるべきであるかと言うならば、保護観察とは結局のところ犯人をして真の日本国民たらしむることより外にはあり得ないのである。犯人をして真の日本臣民たらしむることに依ってこそ始めて、制度としての思想犯保護観察制度が荷う使命は充分に達成せられるのである。昭和十一年十一月、本法施行と同時に行われた全国保護観察所長の会同席上に於ける司法大臣の訓示に、

「思想犯人に対する保護観察は、単に消極的に本人の思想および行動を観察するに止まらず、本人を積極的に指導誘掖して正道に復帰せしめ、または正道を確守せしむることを、目的とするのでありまして、その総ての処置を通じて、正義と共に仁愛を以て根本精神と致すのであります。右の目的を達する為、すなわち思想犯人の思想転向を促進し、またはこれを確保する為には、その思想の指導および生活の確立につき、適当なる処置を為さねばなりませぬ。この思想の完成と生活の確立こそは、思想犯人に対する保護観察を行う上に、二つの指導目標を為すものであります。固より思想完成の方法は、本人の社会的地位、思想浸潤の程度および心境変化の態様等に順応して、具体的にこれを決定することを要するのでありますが、要は、本人の国民的自覚を促し、これをして真の日本人に還元せしむることを要諦とするのであります。その為には本人をして万邦無比なる我が国体の精華を味得せしめ、社会制度に関する安当なる認識を得しむることが肝要であります。更に生活確立の方法として、各具体的事情を斟酌して常に本人の性能と社会的良心に適応する職業と地位を与うることに努め、職業の輔導、技術の再教育、職業の紹介、就学および復校の配慮等を行わねばなりませぬ。而して、思想の完成と生活の確立とは密接なる関係を有し、彼此分離すべからざるものと認め得られるのであります」というのも、右の趣旨を明らかにしたものである。

保護観察の目的は、単に、思想犯人を社会生活の中に篏《は》め込むとか、兎も角も思想犯罪を再び犯さないように仕向けて行くとかいうことに存するのではなく、これをして国家の意思する道義的生活に恪循《かくじゅん》せしめ、思想に於いても行

動に於いても、醇乎《じゅんこ》として醇《じゅん》なる日本人たらしめ、忠誠奉公を実践せしめ、依って以て再犯の防遏に寄与することに存するのである。言葉を換えて言えば、皇民たるの意識に徹して、己を空しうして大御心に帰一し奉る臣道実践者の育成こそが保護観察の真の目的である。

従来保護観察の実際に於いては、対象者をして普通の社会生活に復帰させることに多大の努力が払われて居る。就職の斡旋、生業資金の貸与或いは斡旋、技術訓練の供与、就職後の輔導、離職の防止、家族近隣親戚等との融和調停、医療の斡旋、結婚の媒介、家庭生活の援助等、その他生活上百般の事項に亙っての援助輔導を、各対象者の状況に応じて個別的に与えることが、そしてこれに依って対象者を普通の生活に還らしむることが、何よりの急務であることは言うまでもない所である。しかしながら、思想犯人の思想犯人たる所以が思想上の非違にあるならば、思想犯保護に於ける重点が常に思想の指導に存すべきは明らかな道理であって、畢竟、生活の援護も思想完成への資料としてでなければその意義を持ち得ないものと謂わなければならない。素より、思想の指導は現実の生活から遊離し現実の問題から乖離して抽象的に行われ得べきものではない。単なる説教は決して力強き指導とはなり得ないものであって、関心の向かうところを捉え、現実の具体的問題に即して、対象者の自主的な思索の努力を利導するところにこそ、思想指導の要諦は存しなければならない。

斯様な見地からして、従来、直接に対象に覆いかぶさるような指導の方式のみに頼らず、間接的にこれを輔導するところの方式がよく採用されて居る。例えば、同人雑誌の発行、研究会の開催、懇談会の開催等、その中に於いて対象者たちが相互に錬磨し相互に輔導するところの輔導方式が、盛んに用いられて居るのである。其処では対象者中の進んだ分子の後進の者に対する指導誘掖が自由に潑剌《はつらつ》と行われて居る。

斯様な輔導方式の最も集中的な表現は思想転向者の組織的な集団活動である。昭和十二年七月、支那事変が勃発するや、全国の思想転向者の先進分子は、それぞれの地方に於いて率先して国防献金の募集並びにその醵《きょ》出《しゅつ》の運動を起こしたが、事件関係者の中から応召者が続出するや各地に応召者後援会を結成して、応召者の激励、慰問、その家族に対する援護等、銃後報国活動の実践母体とするに至った。これらの応召者後援会は、国民精神総動員運動の開始と同時に積極的にこれに参加して活潑なる銃後活動を展開し、同年十一月にはその熾烈なる愛国心を凝集せしめて転向者の前線慰問団を北支および中支に派遣する等、時局下の思想国防に身の一環として参加したのであった。而して同年十二月にはこれらの愛国心を基調とする転向者の集団を基礎として、全国の転向者に対する指導連絡の組織として「時局対応全国委員会」というものが結成された。その規約には言う「本会ハ現時局下国家総動員体制ニ応ジ、全国ノ転向者ガ尽忠報国ノ精神ヲ以テ国難打開ノ為ニ一意国策ニ協力シ、就中《なかんずく》思想国防、人的資源動員ヘノ奉公ヲ中心的任務トシ、同友ノ愛国ノ精神ト連帯責任感トヲ振起《しんき》シテ右任務ノ達成ニ努ムルヲ以テ目的トス」と。この全国的組織の成立に応じて各保護観察所管内に於ける転向者の時局対応国体はいずれもこれに加盟し、相互に連絡共助を図ることとなった。而して、全国委員会も各地の時局対応団体も、いずれも保護観察所の指導の下に結成され、且つその指導の下に活動を為すものであって、すなわちそれはいわゆる間接的な思想輔導の一形態に外ならなかったのである。

さて斯様にして思想犯保護に於ける思想輔導は時局との密接なる関連に於いて活潑に推し進められたのであるが、しかし、翻って考えると、思想犯に対する保護観察の目的は、思想の完成そのことにあるのではなくて、忠良なる日本臣民の錬成という点に存するのである。思想の完成は謂わば一つの通路に過ぎない。と謂うよりも、実は、人格から遊離して思想の完成というようなことは実際にはあり得ない事柄だと謂うべきであろう。思想犯人の中には、左翼的な考え方の残滓未だ消え尽さず、仁愛の精神の発露たる保護観察に浴しつつも、これを拘束か干渉かの如くに解して回避せんとする者もあり、中にはまた、過去に於いて犯せし罪の深きことを揣《はか》らず、保護を受くることを以て当然の権利であるかの如くに謬想《びゅうそう》してこれを要求せんとする者もある。或いはまた、唯我独尊的な批判癖や、英雄的な指導者意識に駆りたてられて、分に応じた奉公の務めを忘却する者もある。これらの謬想と驕慢を粉砕して、過去に於いて深く大御心を煩わし奉れる罪の重きを肝に銘せしめ、この罪の子に仁愛を垂れ給う大御心の厚きに感泣せしめ、恐懼慚愧、大死自新《だいしじしん》して大御心に帰一し奉らしめるのでないならば、寸毫《すんごう》も保護の目的を達したとは謂い得ないのである。斯様な趣旨に於いて、従来、人格の修練ということは保護観察上特に重きを置かれて居る点であって、各保護観察所に於いては、その対象者に対し、外に向かっての批判よりは謙譲と自省の習慣を持たせ、理論をあげつらわせるよりは行的な鍛錬に没入させることに重きを置いて、保護目的の達成に努めて居る。

第六章　司法保護事業の指導監督

第一節　指導監督の組織

一　監督系統

司法保護事業は、官庁の事務として行わるる保護事務については勿論、民営に属するものといえども、その保護の事務は本来国家の刑事政策の内容を為すべきものであるから、それは国家の刑事政策を管掌する機関の下に一元的に指導監督せらるべきものである。

現在の監督の組織を見ると、まず少年に対し保護処分を行うところの少年審判所は、司法大臣の監督に属する（少年法十七条）。その監督の範囲は裁判所に対する司法行政の監督とほぼ同じである。司法大臣は控訴院長および地方裁判所長に少年審判所の監督を命じ得ることとなって居る（少年法十七条二項）。次に矯正院は司法大臣の管理に属し、司法大臣は少なくとも六月毎に一回官吏をして矯正院を巡察せしめることを要する。少年審判官は随時矯正院を巡視しなければならぬ（矯正院法七条八条）。

思想犯保護に関する事務を掌るところの保護観察所は、司法大臣の管理に属する。すなわち保護観察所は保護観察事務自体に関しても司法大臣の監督を受ける（保護観察所官制一条）。保護観察審査会は司法大臣の監督に属する（保護観察審査会官制一条)。

釈放者保護および猶予者保護事業について見ると、まず司法保護委員は司法大臣の監督に属するが(司法保護委員令一条)、司法大臣は便宜上各検事長をしてその控訴院検事局の管轄区域内の司法保護委員会、区司法保護委員会および司法保護委員を監督せしめて居る(昭和十四年六月十九日司法省訓令)。司法保護委員会は会議に於いて決定したる事項、事業の成績および会計の状況を司法大臣に報告すべき義務を有する(司法保護委員令五、六、七条、司法保護事業法施行規則四十七条、四十八条、七十一条)。司法保護委員事務局は司法大臣の管理に属す(事務局官制一条)。

次に、司法保護団体すなわち司法保護事業法第一条にいわゆる司法保護事業を経営する者は、一般に司法大臣の監督に属し、ただ寄附金の募集に関する監督は場合に依り司法大臣または地方長官に於いてこれを行うのである(司法保護事業法四条、六条、司法保護事業法ヲ樺太ニ施行スルノ件)。前者すなわち司法保護団体に対する一般監督は、現在に於いては司法大臣は各控訴院の管轄区域を範囲としてこれを検事長に委任している。然るにその区域はすこぶる広汎であるのみならず、検事長本来の事務はすこぶる多岐広汎に亘るため、検事長は管内に散在する多数の司法保護団体の各箇に対し洩れなく常に充分なる連絡を保つことは困難であるのみならず、司法保護団体の諸般の事務に関して適正なる指導を為すことは必ずしも容易でないから、実際の運用に於いては、各箇の司法保護団体に対する指導監督の事務は、その団体が自家の事務の遂行上必然的関係を有するところの諸官庁をして、これを為さしむることを便宜とする場合が多い。故に検事長は、管内の検事正、少年審判所長、保護観察所長、または刑務所長をして司法保護団体の監督を為さしむることを得ることになって居る(昭和十四年九月二十六日司法省訓令司法保護団体ノ監督ニ関スル件)。例えば、猶予者の保護を目的とする司法保護団体についてはその監督を検事正に委任し、少年保護団体の監督を少年審判所長に委任し、思想保護団体の監督を保護観察所長に委任し、釈放者保護団体の監督を刑務所長に委任する等、便宜に従うことが考慮されて居るのである。

二　中央監督機関

司法大臣の司法保護事業に対する監督の事務は司法省保護局に於いて管掌する。司法省官制（昭和十五年十一月二十九日勅令第八一五号改正）く、

第六条ノ二　保護局ニ於テハ左ノ事務ヲ掌ル

一　少年ノ審判矯正ニ関スル事項
二　思想犯人ノ保護観察ニ関スル事項
三　起訴猶予者、刑執行猶予者及釈放者ノ保護ニ関スル事項
四　司法保護事業ニ関スル事項
五　司法保護委員ニ関スル事項

司法省保護局に局長一、書記官三、事務官四、司法保護官二、属二八、司法保護官補九人を置き、四課に分かつ。第一課は総務、第二課は少年保護、第三課は思想犯保護、第四課は釈放者保護および猶予者保護を掌る。

三　諮問機関

司法保護事業に関する司法大臣の諮問機関として司法保護事業委員会がある。

司法保護事業委員会の本来の任務は、司法保護事業法第七条の規定に依り、司法保護団体が司法保護事業法の規定に違反し、公益を害しもしくは害するの虞あり、または著しく不当の行為ありたる場合に、その司法保護団体の設立

の認可を取消しまたは事業の経営を制限することにつき、司法大臣の諮問に応じて意見を具申《ぐしん》することにある。この場合、司法大臣の司法保護団体に対する行政処分に関して司法保護事業委員会をして関与せしむるのは、処分の適正を確保して法の運用に遺憾なきを期せんとする趣旨に出るものであることは謂うまでもない。

委員会は前項の場合の外、司法大臣の諮問に応じて広く司法保護事業に関する重要事項を調査審議する。すなわち、委員会は司法保護事業全般に関する司法大臣の諮問機関たるの実質を有するものである。

委員会は会長一人および委員十五人以内を以て組織するのであるが、特別の事項を調査審議する為め必要あるときは臨時委員を置くことを得る。会長は司法大臣を以て充て、委員および臨時委員は司法大臣の奏請《そうせい》に依り関係各庁高等官および学識経験ある者の中より内閣に於いて任命する。委員会にはなお幹事および書記があり、それぞれ司法部高等官または司法省判任官の中より任命されることになって居る（司法保護事業委員会官制）。

第二節　司法保護団体に対する指導監督の内容

司法保護団体に対する監督は、保護事務の完全なる遂行と司法保護団体の健全なる発達を指導助長するの建前を以て行われるものである。元来司法保護事業の経営は献身的熱意と自由なる創意とを要件とするものであるから、徒らなる形式的監督制限を加うることの不可なるは言を俟たないところである。従って、いわゆる監督の内容は、狭義に於ける監督と指導助成との両方面を含まなければならぬ。

一　司法保護団体の設立および廃止に関する監督

司法保護団体を設立せんとする者は、司法大臣の認可を受けなければならぬ（事業法三条）。尤も釈放者、猶予者、或いは少年法の保護処分を受けたる者などに対して個人が篤志を以て任意的に救済教化の方法を講ずることは、これを禁止すべき理由はない。しかしながらこの保護の事務は本来国家事務たるべき性質を有するものであり、現制度の下に於いては未だ完全なる国家事務として行われるに至っていないにしても、国家の刑政的事務の補完的意味を以てこれと緊密なる連関の下に行われるべきこととなっている為め、その事業経営の如何は国家の刑事政策に影響するところが大であるから、その経営については国家の認可を受くべきものとしたのである。認可主義を採用した目的は、主として司法保護団体の経営および保護事務について適正を期せしめんとするにある。従って認可の実益は行政的保護助成の享受にあり、認可を受けずして保護的行為を為すことは、禁止されはしないが、国家の行政的保護助成の埒外《らちがい》に置かれるのである。監督の対象となる点に於いては認可を経たると経ざるとに依って区別はない。この認可は後に述ぶる如く（本節第五項）取消され、または制限される場合がある（事業法七条）。

司法保護団体の設立に関する認可主義は、司法保護団体の内容の変更および廃止についても適用せらるることは当然である（事業法三条後段）。なお設立、変更および廃止に関する監督については既に述べた。

二　事業の経営に関する指示

司法大臣は司法保護事業を経営する者に対し、事業の経営に関して指示を為すことを得る（事業法第四条）。司法保護事業法施行規則は第二章第一節に於いて次の如き経営上の準則を示して居る。

（一）直接に保護を為す事業を経営するものと指導連絡または助成を為す事業を経営するものとを区別してその混淆《こんこう》を禁じ、前者（すなわち直接保護団体）の事業を経営するに当たっては、（一）猶予者の保護、（二）釈放者の保護、（三）少年の保護、（四）思想犯の保護はそれぞれ別個の団体に於いて経営すべく、一つの団体は一種類の対象者に対する保護に専従することを以て直接保護団体経営の原則と為すべきこと（十四条十五条）。

（二）直接保護団体に在っては成るべく収容保護の施設を設け、一時保護だけでなく収容保護をも為すことを原則と為すべきこと（十六条）。

（三）収容保護の施設は成るべく収容すべき者の男女の別に従って設くべきこと（十七条）。

（四）初犯者を収容する施設は成るべく再犯者を収容する施設と分離してこれを設くべきこと（十八条）。

（五）収容保護の施設に在っては保健衛生および災害予防の為必要なる設備を為すべきこと（十九条）。

（六）少年保護団体に在っては原則として教育および作業に関する設備を為すべきこと（二十条）。

（七）身体虚弱者、精神薄弱者、その他特殊の者の保護を目的とする司法保護団体に在っては、医療および監護の為め必要なる設備を為すべきこと（二十一条）。

（八）特殊助成団体は区域を定め、または事業の種類を限定して助成を為すことをその目的と為すことを得ること（二十七条）。

（九）直接保護団体または特殊助成団体はすべて司法保護連合会の会員となり、その指導および連絡の範囲内に包摂せらるべきこと（二十三条、二十四条、二十五条）。

右の諸規定はいずれも、司法保護団体の経営に関する規準を定めたものであり、いわゆる事業経営に関する一般的指示と見ることが出来るのであるが、更に同じ施行規則に於いて司法大臣は司法保護団体には日誌、保護原簿、会計簿、収容者名簿、保管金品台帳を備え附くべき旨を命じ（第七十九条）、更にまた、「司法保護団体保護上必要アリト認ムルトキハ本人ノ承諾ヲ得テ其ノ携有スル金品ヲ保管スベシ」（第五十二条）、「本人疾病ニ罹リタルトキハ司法保護団体ハ速ニ医療ヲ受ケシムベシ」（第五十三条）等の如く、保護事務の執行に関しても多くの準則を定めて居るのである。これまた法第四条に謂うところの「事業ノ経営ニ関シ指示」を為せるものに外ならないのである。蓋し、謂うところの「事業ノ経営」は、単に経済学的経営の範囲に限らず、指導助成団体については指導助成の内容方法、直接保護団体については施設の内容、保護の内容方法にも及ぶものと解せらるるのである。従って司法大臣は、「司法保護団体ノ財産ノ管理其ノ他会計ニ関スル事項ニ付必要ナル命令ヲ為スコトヲ得」（規則第七十三条第一項）るのみならず、「司法保護団体ノ事業ニ関シ施設ノ改良其ノ他必要ナル命令ヲ為スコトヲ得」（規則第七十二条第一項）る。而してこれらの指示命令は、「監督上必要アル場合ニ於テハ」何時にてもこれを為すことを得るのである（事業法四条）。

三　報告の徴集および実況調査

司法大臣は、司法保護事業を経営する者に対し監督上必要ある場合に於いては、その事業に関する報告を徴することを得る（事業法四条）。施行規則に於いては司法大臣は、司法保護団体に対し、（一）一時保護または収容保護を為したるとき（第五十一条）、（二）本人所在不明となりたるとき、本人更に罪を犯したるとき、本人伝染病または重き疾病に罹りたるとき、本人死亡したるとき、その他重要なる事由を生じたるとき（第五十四条）、（三）収容保護の解除を為したるときおよび本人に対し観察保護を為すを相当なりと認め、本人の現在地または帰住地の司法保護委員会と連絡して何らかの処置を為したる場合（第五十六条および第五十五条）につき即時の報告を求め、また、（四）毎年の事業の成績および会計の状況についてはこれを毎年報告すべき旨を命じて居る（第七十八条）のであるが、（五）右の外、監督上必要あるときは何時にても報告を徴することが出来るのである。

次に、司法大臣は司法保護団体の実況を調査することが出来る（法第四条）。すなわち司法大臣は、部下の官吏をして司法保護団体の事業経営の方法および施設の状況を調査せしむることを得るし、また司法保護団体の財産の管理その他会計の状況を調査せしむることを得るのである（規則第七十二条二項、第七三条二項）。

四　寄附金募集の監督

司法保護団体の事業費の少なからざる部分は、前にも述べたように助成金、寄附金等を以て賄われて居る。このことは司法保護団体の財政的基礎の脆弱なることを示すものではあるが、そのことは何人に対しても非難の権利を与うるものではない。司法保護団体の発生の事情に鑑み、またその本来の性質に鑑みるならば、それが強力なる資産を擁せずして事業費を寄附や助成や出損に俟つことは、寧ろ当然のことだと謂わねばならぬ。蓋し司法保護団体は、企業ではなく、利益追求の組織ではなく、実に篤志家の慈善心から出発したものであり、慈善行為の組織体として生長したものだからである。それが充分の資金を擁することなくしてその経営の基礎を社会各方面の支援に求めていることは、たまたまその経営の本来の非営利性を示すと共に、社会に於けるその事業の避け難き必要性を示しているものだと見なければならない。この社会の為めに必要欠くべからずして、しかも営利性を有しない事業に対して、社会が協力を与うることは寧ろ当然の義務であると謂うことが出来るのである。斯くの如く、司法保護団体の寄附金募集は、一般的抽象的には充分の根拠を有するものであるが、その募集に際っては具体的社会事情に照らして穏当であることが必要であり、またその募集《ぼしゅう》したる資金の処分方法に関しては、特に公明且つ適切であるのみならず、その公明適切であることが社会に依って確認せらるることを必要とする。それ故に司法保護事業法は、司法保護団体の寄附金募集については許可主義をとって居るのである。すなわち、司法保護事業を経営する者がその事業の経営に必要なる資金を得る為め寄附金を募集せんとするときには、主務大臣または地方長官の許可を受くることを要し、斯くして募集したる者またはその承継者はその収支を当該許可官庁に報告するを要し、またその寄附金またはこれに依って得たる財産を処分せんとするときには同じく許可官庁の許可を受くることを要すること、既に述べた通りである。もしこれに違背したるときには五百円以下の罰金に処することになって居る（事業法六条十一条）。

五　監督の保障

司法保護団体に対する右の如き監督の組織は、罰則を以てその権威を保障されている。すなわち、司法保護事業を経営する者が司法保護事業法の規定に違反し、公益を害するの虞あり、または著しく不当の行為があった場合には、司法大臣は司法保護事業委員会の意見を聴き、当該団体に対し設立の認可を取消し、または事業の経営を制限することが出来る（事業法七条）。

司法保護事業を経営する者が法人なる場合に於いて理事その他の業務を執行する役員に著しく不当の行為があった場合も同様である（事業法七条）。もしこの取消または制限を受けたるにも拘らず、これに違反して司法保護事業を経営した場合には、司法保護事業を経営する者は五百円以下の罰金に処せらるるのである（事業法十一条）。寄附金募集に関する規定に違反したる場合に同じく五百円の罰金に処せられることは前項に述べた。

司法保護事業を経営する者はその代理人、戸主、家族、雇人、その他の従業者がその業務に関し本法に違反したるときは、自己の指揮に出でざるの故を以てその処罰を免るることを得ない。而して、司法保護事業を経営する者に適用せらるる罰則は、その者が法人である場合には理事その他の法人の業務を執行する役員に適用せられ、その者が未成年者または禁治産者である場合にはその法定代理人に適用せられる（事業法十二条、十三条）。

六　奨励金の交付、公租公課の免除

司法保護団体の事業は、国家公共の利益に寄与するところが大であるのみならず、寧ろ必須欠くべからざる要務であり、本来ならば国家自ら行うべきものを司法保護団体をして代って行わしむるの関係にあるものであるから、国家がこれに対し補助奨励を与え、便宜を供与すべきは当然と謂わなければならぬ。

司法保護事業に対する奨働金交付の制度は、既述の如く（第一章第三節参照）、明治四十年に始まって居る。同年の予算に「免囚保護事業奨励費」として金一万円が計上せられ、同年十月「免囚保護事業奨励費取扱手続」が規定せられ、奨励費の申請は典獄の意見を付して進達され、奨励費の交付を受けたる者はその事業の経営上に就き典獄の指示を受けしむることとなった。同年度に於いて銓衡交付せられたるものは二十六団体であった。爾来、本制度は大正三年まで八年間継続し、大正四年財政整理のため中止されたが、大正八年復活して今日に及んで居る。その間「免囚保護事業奨励費取扱手続」は数度の改正を経て、昭和四年には「司法保護事業奨励費取扱規程」となったが、昭和十四年九月司法保護事業法の施行と同時に廃止せられ、同法施行規則の規定に基づいて取扱われることとなった。奨励費の予算額は明治四十四年度まで毎年一万円、明治四十五年度以後大正十三年度までは中絶の四年間を除き毎年三万円、大正十四年度より昭和同年度までは四万円、昭和五年度より七年度までは毎年三万余円、昭和八年度八万円、昭和九年度および十年度八万三千五百円、昭和十一年度十万四千四百円、昭和十二年度二十一万八千円、昭和十三年度三十三万二千円、昭和十四年度四十三万二千円、昭和十五年度五十万七千円である。

奨励金は現行規則に於いては、事業開始後三年以上を経過し、従前の成績良好にして将来の計画適切なる司法保護団体、またはその基礎確実にして事業の種類に依り特に奨励金を交付すべきものと認むる司法保護団体に対し、所轄の控訴院検事長を経由して交付される（規則八十条八十二条）。

次に、司法保護団体は、その事業の公益性に鑑み、地方税の免除を受くることとなって居る。すなわち、道府県、市町村その他の公共団体は司法保護事業の用に供する土地建物に対して租税その他の公課を課することが出来ないのである。但し有料にてこれを使用せしむる者については無論この限りではない（事業法九条）。

七　保護事務に直接する指導および補償

以上述べたところは、いずれも司法保護団体に対する司法大臣の監督の内容であり、従って、現在に於いては控訴院検事長に委任せられる監督の内容であるが、少年審判所および保護観察所はこれと全く別個の根拠に立ち、司法保護団体の保護事務に直接して指導監督を為す場合がある。少年審判所は少年法第五十二条に依り、保護観察所は思想犯保護観察法施行令第二十一条に依り、保護団体に対し本人の委託を為す場合に於いては、本人の処遇に付き参考となるべき事項を指示し、その後に於いては保護司をして保護団体の本人に対する保護監督の成績を視察し、適当なる指示を為さしむることを得る。この場合、その指示乃至指導が内容的に当該保護団体の経営に関する指導或いは監督に亘ることあるべきは当然と見なければならぬ。

なお少年法および思想犯保護観察法の下に於いては、右の如く委託を為したる場合に於いては、これに依って生じたる費用の全部または一部を国庫より補給することとなって居る（少年法六十条、思想犯保護観察法十条）。この委託費補給の制度は、司法保護団体の運営上大きな役割を演じて居るのであって、将来釈放者保護および猶予者保護の領域に於いても速やかに同様の制度を確立することが必要である。

第三節　指導助成団体とその事実

一　司法保護連合会

司法保護団体の指導監督については、前述の如く官庁的な監督の組織があり、この組織に従って監督と共に指導助成が行われるのであるが、およそ外からの指導というものは性質上勢い間接的表面的であって、真に懇切を極め骨髄に徹底するには至り得ないのである。特に現在の保護機構に於いては釈放者および猶予者の保護は、これを管掌するところの保護官庁を有せず、司法保護団体に於ける保護の事務は或る程度各保護団体の任意処理に委せられる仕組みとなっているため、これに対する指導はますます間接的に流れ、実際に於いては僅かに報告の徴収に依る監督が行われるにとどまる場合が少なくない。斯様な事情の下にあって司法保護団体に対し真に内容に立入った指導の実効を挙げ得んがためには、各保護団体の内部から自発的に監督官庁に対して呼応し協力するものがなければならない。換言すれば各保護団体の自発的な活動組織の中に監督官庁の意思を持ち込んで緊密なる連絡を確立し、この緊密なる連絡の裡に於いて指導を行うことが必要になるのであって、斯くすることに依って始めて真に内容的な深部に徹底するところの指導が行われ得るのである。

従来多くの府県に於いては、その府県所在の釈放者保護団体を主たる構成分子とする連合組織があり、或いは連合保護会と称し、または保護連合会と称しその他種々の名称を有していたが、多くは検事正または刑務所長を代表者として、対内的の連結統制と共に対外的の連絡、保護思想普及等の機能を担当していた。また控訴院管轄区域を単位として司法保護事業研究会と称するものがあり、釈放者保護団体を主たる会員として親睦、研究等の事業を為して居た。尤もこの司法保護事業研究会は昭和十二年八月に於ける全日本司法保護事業連盟の成立に伴い同年から翌十三年にかけて発展的解消を遂げ、名称も司法保護事業連盟と改め、各司法保護事業連盟は各控訴院管内に於ける司法保護事業関係者全部を包擁して全日本司法保護事業連盟の支部となって、各管内に於ける司法保護事業の連絡統制の為その改良発達を図ることとなった。この各控訴院管内司法保護事業研究会の司法保護事業連盟への自己発展は、全日本司法保護事業連盟の方針に従ったものであった。全日本司法保護事業連盟の組織方針とは、釈放者保護事業を国家的事業と為すの前提として、全国の斯業関係者に対する指導連絡の体系を国家機関の下に一元化することに外ならなかった。

当時、司法保護団体は、一般釈放者保護団体、少年保護団体および思想犯保護団体を合して千数百に上り、一般保護については輔成会、少年保護については日本少年保護協会、思想犯保護については昭徳会が、それぞれその連絡、指導、統制に当たっていたのであるが、中には司法省保護課の方針と背馳するが如き方策も存するかに見られ、司法保護事業の全般的統一的充実の上に著しき不便が存したので、当局に於いては昭和十二年八月右三者の連合に依って全日本司法保護事業連盟なるものを組織せしめ、この連盟をして「全国ニ於ケル司法保護事業ノ連絡統制ヲ図リ斯業ノ改良発達ヲ期スルヲ目的」となさしめ、その会長を司法大臣とし、その事務所を司法省に置いた。これに依って従来輔成会以下三団体に於いて行い来たった諸機能の中、司法保護団体に対する指導および連絡の機能は、爾後全日本司法保護事業連盟の名に於いて行わるることとなり、三団体の機能としては一般、少年、または思想の各保護分野に於ける事業団体の助成、研究調査、保護思想の普及、保護官庁事務の援助等のいわゆる助成的機能が残さるることとなった。斯くして全国的総合的の指導連絡機関として出発した全日本司法保護事業連盟は下部組織として各控訴院管内に支部を置き、検事長を以てその会長とし、その控訴院管内に於ける司法保護事業の連絡統制を図らしむることとしたので、各控訴院管内に於ける民間保護事業は総て全日本連盟の支部に於いて統率せられ、全日本連盟の支部は全日本司法保護事業連盟に於いて統率せられ、全日本司法保護事業連盟は司法省保護課と表裏一体の関係に於いて組織せられ、茲に、釈放者保護事業法制化の前提としての指導体系の一元化は事実上ほぼその体を成すに至った。これに依り全国の司法保護団体は司法省および全日本司法保護事業連盟の統一ある指導下に根本的な質的転換を開始し、司法保護事業の躍進は第一歩を踏み出したのであった。昭和十四年九月の司法保護事業法の施行は、この躍進の過程に於ける一つの道標となるべきものである。

司法保護事業法は右の如き趣旨に基づき沿革に鑑みて、司法保護団体の自治的指導連絡の組織に関する規定を設けた。すなわち同法は、司法保護団体の指導および連絡を為すことを目的とする司法保護団体を司法保護連合会と称し、司法保護連合会は、地方教判所管内司法保護連合会（連合保護会と称する）、控訴院管内司法保護連合会（司法保護事業連盟と称する）、および全国司法保護連合会（全日本司法保護事業連盟と称する）の三種とした（規則二二十条二十三条）。

（一）連合保護会

連合保護会は、地方裁判所の管轄区域内に於いて司法保護団体の指導および連絡を為すことを任務とする特殊の司法保護団体である。当該地区内に於いて直接保護団体または特殊助成団体たるものは、すべて当然にその連合保護会の会員となることを要する。他の地方裁判所の管内に主たる事務所を有する司法保護団体といえども、当該地区内に於いて保護を行うときは此処に支部を設置せしめ、その支部は一の司法保護団体たる資格を以て、当該連合保護会の会員とならなければならない。これに反し、当該地区内の司法保護団体にあらざるものは、連合保護会の会員たることを得ない。而して連合保護会の会長は、地方裁判所検事正の職に在る者を以て充つることになって居るから、換言すれば、検事正の職に在る者は、連合保護会の会長たる資格に於いて、管内のすべての司法保護団体の指導および連絡に任ずるのである（規則二十四条二十六条）。

右の如く規定せられた連合保護会の構成と職能とは、必然に連合保護会をして公的機関たるの性質を帯びしめて来るのであって、その点に於いて各種の直接保護団体または特殊助成団体等とは全く趣を異にするのである。地方裁判所管内に於ける司法保護団体の指導および連絡は連合保護会の有する固有の機能であり、連合保護会にあらずして管内の司法保護団体の指導および連絡を為す私的機関の存立は許されないのである。而して、会員たる各司法保護団体は、当然その会の指導統制に服し、会費の納付その他の出捐を為し、また其の事業に関して会に報告を為す等の義務を負担しなければならない。これらの会員たる司法保護団体は、その事業について見れば、或るものは少年保護団体であり、他のものは釈放者保護団体であり、また他のものは思想犯保護団体であるというように、事業の種類を異にするものが存するのであるから、これが指導連絡については事業の種類に従って系統を設け、例えば猶予者保護団体の部、釈放者保護団体の部、少年保護団体の部、思想保護団体の部の四部を設けて、各部に於いてそれに指導連絡をなし、会長はその四部の上に位して四箇の系統を総覧するというような、合理的なる内部組織の樹立は、連合保護会の職能の完遂上最も望ましきことに属する。

連合保護会は、その目的たる指導および連絡の任務を達成する為め、構成分子たる各司法保護団体に対する単純なる指導および連絡の事務の外、更に、司法保護団体に対する助成、司法保護事業従事者の養成および訓練、司法保護事業に関する調査研究、司法保護思想の普及宣伝、功労者の表彰、その他司法保護事業の改良発達を図る為必要なる各種の事業を為すことが出来る。また、事情に依っては、司法保護委員事業に対する助成も連合保護会の任務の一に算えられなければならぬ場合もある。ただしかし直接保護の事務、すなわち一時保護、観察保護または収容保護の事務は、連合保護会自らこれを行うことは出来ないことになって居る。もし連合保護会をして指導連絡の機能を完遂せしめんがためには、これをして各司法保護団体に対して或る程度截然《せつぜん》たる上位性を確保せしむることが必要であるからである。而してこの連合保護会の上位性或いは公的機関性は、連合保護会の最も基本的な特徴であると同時に、将来に於ける連合保護会の発展形態を暗示するものでもある。

(二)　司法保護事業連盟

司法保護事業連盟は、控訴院の管轄区域内に於いて司法保護団体の指導および連絡を為すことを任務とする司法保護連合会である。当該地区内に於ける連合保護会を以てその会員とする。従って、連合保護会は、内部的には構成分子たる各司法保護団体に対して指導および連絡を為すと同時に、それ自身は司法保護事業連盟の構成分子としてその統制に服しなければならないのである。従って控訴院管内に於けるすべての直接保護団体および特殊助成団体はまずそれぞれの地方裁判所管内毎に連合保護会に於いて統率せられ、次にその連合保護会を通じて司法保護事業連盟に統率せられるのである。而して司法保護事業連盟は控訴院検事長の職に在る者を以て会長とすることになって居るのであって、この指導連絡の体系は、司法大臣の訓令に依り控訴院検事長に委任せられたる監督の系統に即応するものである（規則二十四条二十六条）。

司法保護事業連盟の職能は、各地方裁判所管内に於ける連合保護会の職能と同様であって、すなわち、会員たる各連合保護会に対する単純なる指導および連絡の外、助成、調査研究、従業者の養成および訓練、司法保護思想の普及宣伝、功労者の表彰、その他司法保護事業の改良発達を図る為、必要なる各種の事業を為すことが出来る。

（三）全日本司法保護事業連盟

控訴院管内司法保護連合会たる司法保護事業連盟は、全国司法保護連合会たる日本司法保護事業連盟の構成分子としてこれに統合せられる。全日本司法保護事業連盟は、全国的規模に於ける最高の統合的連合組織であり、全国の司法保護団体の指導および連絡を為すものであるから、その指導連絡に適正を得て全国の司法保護団体をして誤謬を犯すことなく刑政共通の国家目的に奉仕せしめんが為には、全日本司法保護事業連盟の意思は行政上の監督者の意思と相即不離であることを適当とする。司法保護事業に於ける指導連絡の一元化は、其処に於いて始めて実現せらるべきものである。その故を以て、全日本司法保護事業連盟の会長は司法大臣の職に在る者を以てこれに充つることになって居るのであり（規則二十六条）、その専務組織は、司法省に於ける主管局課と表裏一体の関係に於いて構成されることを当然の期待として居るのである。

全日本司法保護事業連盟は七つの控訴院管内司法保護連合会を会員とするの外、更に、「直接保護団体又ハ特殊助成団体ニシテ其ノ事業経営ニ以上ノ控訴院ノ管轄区域ニ亙ルモノ」（註一）をもその傘下に包摂することになって居る（規則二十四条二十五条）。

（註一）「其ノ事業経営ニ以上ノ控訴院ノ管轄区域ニ亙ル」特殊助成団体としては、司法保護事業法施行当時に於いては財団法人輔成会、財団法人日本少年保護協会および財団法人昭徳会の三団体があった。然るにその後に於いてこの三団体は合同して財団法人司法保護協会となったので、今日に於いては、同協会は事業法施行規則第二十五条に謂わゆる「特殊助成団体ニシテ其ノ事業経営ニ以上ノ控訴院ノ管轄区域ニ亙ルモノ」として、各控訴院管内司法保護事業連盟と共に、全日本司法保護事業連盟の会員たるべき地位にある。ただ、現在に於いては事業法施行規則に謂うところの全日本司法保護事業連盟の成立なきため、司法省では当分の間、財団法人司法保護協会をして全日本司法保護事業連盟の機能を代行せしめて居る。

司法保護連合会は、右の三種であり、また、右の三種に限る。この三種の司法保護連合会にあらずして司法保護団体の指導および連絡を為す司法保護団体は認容せられない。而して司法保護集合会の特徴は、その公共機関的性質と上位性とに存するのであって、従ってその組織に於いても、行政的監督の系統と即応して指導の統一性を保持し易いように組織されているのであるが、しかしながら司法保護連合会に依る指導連絡は畢竟、構成団体の意思を基礎とする互助と自律性の表現であり、行政上の監督からは区別されなければならぬものである。

二　特殊助成団体

司法保護団体の逞《たくま》しい保護活動と強力なる発達の為めには、官庁的行政的な指導援助や保護団体自らの自律的な指導連絡の外に、その保護活動に対し自由にして豊富なる助成の供与せられることが必要である。このように司法保護団体に対し助成を為すことを目的として活動する特殊の司法保護団体の発達は、最も望ましいことに属するのであるから、司法保護事業法はこれを特殊助成団体と称して司法保護団体の中に於ける特殊の一種類たらしめた（規則二十二条二項）。特殊助成団体の助成の内容は、司法保護団体の経費補助の為めの金品の交付、司法保護団体の職員および関係者の養成および訓練、司法保護事業に関する調査研究の成果の供与、司法保護団体の活動を円滑且つ効果的ならしむる準備としての司法保護思想の普及宣伝、司法保護事業功労者の表彰、その他司法保護団体の活動を促進し向上せしむべき広汎なる範団に亙るべきである。

特殊助成団体は、全国に於ける各種の司法保護団体に対し汎《あまね》く助成を為すことを目的とするも宜く、また区域を定め、或いは事業の種類を限りて助成を為すことをその目的とするも可である（規則二十七条）。司法保護事業法施行の際に於いては、有力なる特殊助成団体として財団法人輔成会、財団法人日本少年保護協会および財団法人昭徳会があったが、その後これらの三団体は合同して、全国的規模に於いて各種の司法保護事業を助成する中央的総合的特殊助成団体たる財団法人司法保護協会となったことは前述の如くである。財団法人司法保護協会は、実質上司法省保護局の外廓団体として現在次の如き事業計画の下に全国司法保護事業の向上発達の為め活動して居る。

財団法人司法保護協会昭和十五年度事業計画概要

第一　紀元二千六百年記念事業

一　全国大会ヲ開催スルコト
二　代表者ヲ選ヒ橿原神宮《かしはらじんぐう》ニ参拝セシムルコト
三　記念出版ヲ為スコト
四　日満司法保護共助機関ヲ確立スルコト
五　司法保護会館建設ノ準備ヲ為スコト
六　保護ニ関スル研究調査機関設立ノ準備ヲ為スコト
七　功労者年金制度ヲ確立スルコト

第二　保護団体ノ事業ニ対スル助成

一　各司法保護事業連盟ニ対シ事業費ノ補助ヲ為スコト
二　連合保護会ニ対シ事業費ノ補助ヲ為スコト
三　少年審判所ヲ後援スル特殊助成団体及保護観察所ヲ後援スル特殊助成団体ニ対シ事業費ノ補助ヲ為スコト
四　主トシテ新設ノ直接保護団体ニ対シ建築費其ノ他ノ補助ヲ為スコト

第三　保護委員事業ニ対スル助成

一　司法保護委員事業助成ノ為メ本会資産ノ一部ヲ割キ又ハ指定寄附金ヲ求メテ之ヲ司法保護委員事業助成機関又ハ連合保護会等ニ交付スルコト

第四　実務者ノ養成訓練

一　保護委員事業指導者ヲ養成スル為メ全国各司法保護委員会ノ推薦ニ依ル者ノ講習会ヲ東京ニ於テ開催スル

コト
二　保護団体実務者ノ再訓練ノ為メ長期講習会ヲ東京ニ於テ開催スルコト
三　少年保護職員養成ノ為メ第二回講習所ヲ開設スルコト
四　思想戦士練成講習会ヲ東京ニ於テ開キ転向者ニシテ思想犯ノ保護ニ関与スル者ニ対シ短期再訓練ヲ為スコト

第五　実務家ノ養成訓練ニ関スル助成

下記各講習会及協議会ニ対シ左記ノ方法ニ依ル助成ヲ為スコト
①各地連盟ニ於テ主催スル保護実務家事務連絡協議会ニ対シ
②各司法保護委員会ニ於テ主催スル保護委員実務短期講習会ニ対シ
③中国、関東及近畿各少年保護協会ニ於テ主催スル少年保護実務家養成短期講習会ニ対シ
一　経費ヲ補助スルコト
二　資料トシテ必要ナル印刷物ヲ提供スルコト
三　講師、指導員ヲ派遣スルコト

第六　保護思想ノ普及及宣伝

一　少年保護記念日ニ際シ少年保護思想ノ普及宣伝運動ヲ為スコト
二　司法保護記念日ニ際シ司法保護思想ノ普及宣伝運動ヲ為スコト
三　映画ヲ作製又ハ購入シテ保護思想ノ普及ニ資スルコト
四　関係団体ノ需ニ応シ《じ》テ映写員ヲ派遣スルコト
五　劇場、映画館、新聞雑誌等ヲ利用シテ普及宣伝ヲ為スコト

第七　定期刊行物ノ発行

一　保護事業ノ全分野ニ関スル報道ヲ主トスル機関誌ヲ発行シ、各保護官庁職員（嘱託ヲ含ム）、地方及区司法保護委員会、保護団体及関係官庁ニ無料配付スルコト

二　司法保護委員ノ連絡及指導ニ資スル為メ「司法保護」ヲ発行シ主トシテ司法保護委員ニ関スル記事ヲ掲載シテ全部ノ司法保護委員及関係者ニ無料頒布スルコト

三　少年保護思想ノ普及徹底ニ資スル為メ雑誌「少年保護」ヲ発行シ関東、近畿、中部、九州及中国ノ各少年保護協会ノ会員ニ有料頒布スルコト

四　雑誌「昭徳」ヲ発行シ保護観察所後援団体ノ会員ニ有料配付スルコト

五　保護少年教化資料トシテ「日本少年新聞」ヲ発行スルコト

六　季刊雑誌「司法保護研究」ヲ発行シ司法保護ノ各分野ニ関スル論説、研究等ノ発表機関トスルコト

第八　出版

一　司法保護年鑑ヲ出版スルコト

二　司法保護名鑑（名簿）ヲ出版スルコト

三　少年保護司必携ヲ出版スルコト

四　司法保護委員必携ヲ出版スルコト

五　保護思想普及用パンフレット数種ヲ編纂出版スルコト

六　保護少年ノ為ニ教科書ヲ編纂出版スルコト

第九　連絡及斡旋

一　各地方ニ於ケル関係諸機関ノ間ノ連携共助ヲ促進セシムル為視察及連絡ヲ為スコト

二　司法保護関係者ノ集合会同ノ機ニ於テ連絡斡旋ヲ為スコト
三　日満司法保護共助機関ヲ確立シ大陸進出要保護者ノ輔導ニ資スルコト

第十　表彰及選奨

一　事業功労者ノ表彰ヲ為スコト
二　収容保護ノ向上ヲ促進スル為メ模範保護団体ノ選奨ヲ為スコト
三　司法保護委員事業ノ向上発達ヲ促進スル為メ模範保護区ノ選奨ヲ為スコト

第十一　事業従事者ノ福祉増進施設

一　功労者年金制度ヲ確立スルコト
二　事業家ニ対スル弔慰並凶災見舞ヲ為スコト
三　保護団体並団体関係者ノ災害保険料ニ対シ助成ヲ為スコト

第十二　信用保険ニ対スル助成

一　保護対象者ノ信用保険ニ付キ助成ヲ為スコト

第十三　特殊ノ保護施設ニ対スル補助

一　農業訓練所ノ経営費ニ対シ補助ヲ為スコト
二　昭徳塾及昭徳塾研究所ノ経営費ニ対シ補助ヲ為スコト
三　少年保護相談所ノ経営費ニ対シ補助ヲ為スコト
四　右翼思想犯保護特殊施設ニ対シ補助ヲ為スコト

第十四　調査研究

一　少年保護研究所ノ充実ヲ図ルコト

二　特殊題目ニ付キ委員ヲ嘱託シテ研究調査ヲ為スコト

三　研究奨励ノ為メ懸賞論文募集ヲ為スコト

限地的または限種的な特殊助成団体としては、各少年審判所管内に関東、近畿、中部、九州の各少年保護協会があり、各少年審判所と表裏一体の関係に立って少年保護団体に対する助成、少年保護職員の養成訓練、少年保護に関する調査研究、少年保護思想の普及宣伝、少年不良化の早期匡救等、当該地方に於ける少年保護事業の向上発達の為め活動して居る。また、各保護観察所の所在地には、当該管内に於ける思想犯保護事業の助成促進を目的とする特殊助成団体があり、いずれも保護観察所の別働隊として旺盛なる活動を展開して斯業の発達に貢献して居る。

森山武市郎『司法保護事業概説』解題

高橋　有紀（福島大学）

1．森山武市郎について

『司法保護事業概説』の著者、森山武市郎は、裁判官、検察官、行刑局書記官などを経た後、昭和一〇（一九三五）年より八年七か月にわたって司法省で保護課長、保護局長を務め、戦前日本の少年司法、思想犯保護観察、成人一般の司法保護の各分野における法制度の整備、拡充に尽力した人物である。その功績は、戦前日本の司法保護の法的基盤を整えるにとどまらず、戦後に築かれた現在の更生保護制度に繋がる部分も少なくない。もっとも、戦後の成人一般を対象とした更生保護制度においては、日本側は戦前、森山がその整備に尽力した思想犯保護観察の枠組を応用しようとしたのに対して、ＧＨＱは思想犯保護観察法の廃止を宣言し、森山は公職追放の対象者となり、司法省を辞することになった。しかし、ＧＨＱも更生保護に対する森山の情熱と知己には多大な信頼を寄せており、司法省を辞した後の森山に意見を求めたり、昭和二三（一九四八）年の森山の葬儀において、ＧＨＱの矯正保護班長のルイス博士が弔辞を寄せたりしている。[1] こうした事実は、戦前における各種の司法保護制度の政策立案にあたった森山が、司法保護制度に必ずしも戦時体制を下支えする機能のみを期待したわけではなく、さまざまな事情の下で（思想犯を含む）犯罪や非行に至った者の立ち直りを支える機能を期待していたことを象徴するものと言える。

戦前、そうした森山の下で司法保護の制度設計にあたった者の一部は戦後、司法省（後に法務省に再編）で更生保護制度の基盤整備に尽力した。彼らはその後、一九六九年に『司法保護の回顧＝森山武市郎先生顕彰録』を編纂し、その中で森山の功績を紹介するとともに、戦前の司法保護制度の立法過程に関するいくつかの史料や論説を収録している。森山の年譜や人柄も含め、より詳細な情報に接したい方はそちらも参照されたい。

2.『司法保護事業概説』の概略

森山は生前、司法保護事業の各分野について数多くの著書や論説を残している。昭和一六（一九四一）年に常盤書房より初版が出された『司法保護事業概説』は、それらの集大成とも言うべき著書であると同時に、思想犯保護観察、少年の保護処分、成人一般に対する司法保護の各分野について、網羅的にそれぞれの法制度の仕組みやその精神を記述したものである。司法省において、これらの各分野に関する政策立案を率いた森山による各制度の解説は的確且つ非常にわかりやすい。これは森山が、同書の目的を各種の司法保護事業の実務に従事する者に対する「執務上の参考に資する」こととし、「司法保護事業の現在の組織と、保護実務上の心得について、詳述することに努め」たこと（原書はしがき、本書五頁）に由来しているものと思われる。また、こうした目的ゆえ同書においては、当時の法律や規則、通達の文言や各種の統計資料などに依拠しながら、具体的な司法保護の方法について教示する記述も多い。このような特徴により本書は、今日において、当時の司法保護の全体像やその具体的状況を理解するにあたって欠かすことのできない史料である。

他方で、本書は第一章第一節が「国体と司法保護事業」から始まっており、当時の世相を色濃く反映している。森山曰く、「司法保護事業は、畏くも列聖御仁愛の大御心を奉体」するものであり、その対象者を「輔導して臣民の道を恪守せしめ、これを援護して職域奉公の誠を捧げしめんとする事業」であるというのである（原書二頁、本書一六頁）。もっとも、森山は同じ章において、司法保護の意義として、再犯防止や出所者らの立ち直りにあたって周囲の理解や支えが重要であることを指摘してもいる。これらは今日、更生保護制度の意義として理解されているものと大きく異なるところはない。このような指摘と、司法保護の理念は「上古より現代にいたる皇室の御仁愛の中にはっきりと現れて」いるがゆえに、国民も司法保護に協力することが「倫理的要請」である（原書一二頁、本書二四頁）とする思想とが共存している点は、当時の司法保護を理解するにあたって大変重要であると考えられる。本書は、こうした戦前日本特有の思想の下に、司法保護委員（現在の保護司）や司法保護団体（現在の更生保護法人）、非行少年や思想犯を保護する者らの「保護実務上の心得」を説く。その点で本書は、当時の司法保護制度の仕組みだけでなく、その精神をも理解するうえで大いに参考になる。

3.『司法保護事業概説』の現代的意義

いわゆる「一億総動員」を掲げた戦時体制の時代に『司法保護事業概説』の初版が出されてから七〇余年が経過した今日、日本政府は「成長戦略」の一環として「一億総活躍社会」の実現を目指すことを明言している。そこでは、「一億総活躍社会は、女性も男性も、お年寄りも若者も、一度失敗を経験した方も、障害や難病のある方も、家庭で、職場で、地域で、あらゆる場で、誰もが活躍できる、いわば全員参加型の社会である[2]」とされる。また、そうした社会の実現にあたって、「政府による環境整備の取組だけでは限界があり、多様な生活課題について住民参画の下に広く地域の中で受け止める共助の取組を進めることが期待され」てもいる。[3]そして、ここでの「一度失敗をした方」には、更生保護制度の対象者も含まれ得る。（現に、総理大臣在職中に更生保護施設を視察したのは安倍晋三が初めてである）。[4]彼らをもまた、地域社会の「共助」の下で「活躍」させんとする今日の日本社会は、どこか『司法保護事業概説』における、「不遇にして皇国臣民たるの道を誤り同胞偕和の生活より落伍する者ある場合には、赴いてこの不遇の同胞を補導し皇国臣民たるの自覚に立ち戻らせ」ることは「同胞として自然の情であり、また当然の道でなければならない」（原書一一一二頁、本書一六頁）との表現を彷彿とさせる。そして、このような司法保護のあり方がその後、GHQによる戦後改革の中で少なからず「民主化」の対象とされたことは上述の通りである。そのことにかんがみると、七〇余年前の日本において書かれた同書は、「一億総活躍」時代を生きんとする私たちにこそ、（ある意味不気味とも言える）リアリティを伴って受け止められるのではないか。

また、同書が当時の「社会事業叢書」シリーズの一冊として出版されたという事実も看過できまい。森山はこのことについて、「司法保護事業概説を社会事業叢書の一部として編入することは、理論上適当ではない」（原書はしがき、本書五頁）としている。しかし、同シリーズが扱った「方面事業」や「救護事業」などの社会事業もまた、戦前日本の「総動員」体制を下支えする役割を期待されたことにかんがみると、同書が「社会事業叢書」シリーズの一冊であったことの意義は小さくない。と言うのも、「同胞相愛隣保相扶の根強き国民的伝統」[5]、「国民一人残らずが、忠良な臣民となる」[6]などの表現は、「社会事業叢書」シリーズの『方面事業』や『救護事業』にも見られるのである。社会事業全般が「皇室の御仁愛」を起源とした「臣民の義務」であるとされた時代に、司法保護もまた同様の役割を期待されていたと言える。その意味で、本書は、刑事政策に限らず、広く戦前日本の社会政策一般を研究するうえで重要な意義を持つ。矯正や更生保護における「司法と福祉の連携」の重要性が指摘されて久しい今日、戦前日本において本書が「社会事業叢書」シリーズの一冊であったことは、重く受け止められるべきである。

他方で近時、日本では、犯罪対策や更生保護といった刑事政策が必ずしも社会政策上の課題として議論されないことも指摘されている。[7] しかし、犯罪者処遇や更生保護もまた、その時々の社会情勢の下で、社会政策一般と同じディスコースで意義づけられ、説明され得ることは、「総動員」の時代においても「総活躍」の時代においても同様に存在する現象であると言えよう。現に、今日の日本においても、「女性も男性も、お年寄りも若者も、一度失敗を経験した方も、障害や難病のある方も」活躍できる社会が目指されているのだから。本書が、刑事政策のみならず広く社会政策一般の研究者の目に触れ、真にすべての人を支える社会政策の一環としての更生保護のあり方が模索されることは、戦中戦後に今日の更生保護に繋がる政策立案に尽力した先人の功績に報いることにもなるはずである。

1　森山武市郎先生遺徳顕彰の会編『司法保護の回顧＝森山武市郎先生顕彰録』（一九六九年）三六七―三六九頁。

2　「ニッポン一億総活躍プラン」（二〇一六年六月二日閣議決定）
http://www.moj.go.jp/KANBOU/KOHOSHI/no52/3.html#report05　三頁。

3　「ニッポン一億総活躍プラン」、前掲注二七頁。

4　法務省「法務省だより　あかれんが」五二号（二〇一六年）
http://www.moj.go.jp/KANBOU/KOHOSHI/no52/3.html#report05

5　原泰一『方面事業』、常盤書房（一九四一年）、序二頁。

6　堀田健男『救護事業』、常盤書房（一九四〇年）、一五頁。

7　荻上チキ・浜井浩一『新犯罪論―「犯罪減少社会」でこれからすべきこと』、現代人文社（二〇一六年）、一二六頁。

[著者]：森山　武市郎（もりやま・たけいちろう）

明治大学法学部を卒業後、ドイツおよびスイスへ留学し、民法と労働法を研究。帰国後、明治大学政経学部教授として労働法を講義、法学博士号を受ける。東京控訴院検事、宮城控訴院検事局検事長、大審院判事などを歴任した後、司法省に赴任。保護課長および保護局長などを務めた。少年司法や成人一般の司法保護、思想犯の保護観察などに携わり、司法保護制度の整備、拡充に尽力した。司法保護事業法や思想犯保護観察法の成立に尽力し、「保護観察所」や「保護司」の制度を整備。戦後の更生保護制度につなげた。(1891 ― 1948)

[解題]：高橋　有紀（たかはし・ゆき）

1984年静岡県生まれ。2013年一橋大学大学院法学研究科博士後期課程修了。博士（法学)。明治学院大学法学部特別TA、一橋大学大学院法学研究科特任講師（ジュニア・フェロー）等を経て、2015年より福島大学行政政策学類准教授。主要業績に「2000年代以降の日本と英国における更生保護制度の問題点と今後の展望―更生保護における『ナラティブアプローチ』の可能性と限界」、「1950年代から1970年代の更生保護制度における『官民協働』論の変容と継続―保護司への役割期待の本質」、「戦前日本の方面委員、司法保護委員に期待された『民間性』に関する一考察」他。

日本《にほん》の司法福祉《しほうふくし》の源流《げんりゅう》をたずねて 5

司《し》法《ほう》保《ほ》護《ご》事《じ》業《ぎょう》概《がい》説《せつ》

平成29年2月21日初版第一刷発行
著　者：森山《もりやま》 武市郎《たけいちろう》
解　題：高橋《たかはし》 有紀《ゆき》
発行者：中野 淳
発行所：株式会社 慧文社《けいぶんしや》
〒174-0063
東京都板橋区前野町4-49-3
〈TEL〉03-5392-6069
〈FAX〉03-5392-6078
E-mail:info@keibunsha.jp
http://www.keibunsha.jp/
印刷所：慧文社印刷部
製本所：東和製本株式会社
ISBN978-4-86330-166-5